Bernhard Waszkewitz

Fremde, Andersgläubige und Exoten in sozialen Bezügen

Abkapselung, Abwehr, Duldung und Integration

Bernhard Waszkewitz

Fremde, Andersgläubige und Exoten in sozialen Bezügen

Abkapselung, Abwehr, Duldung und Integration

ibidem-**Verlag**
Stuttgart

Die Deutsche Bibliothek - CIP-Einheitsaufnahme:

Ein Titeldatensatz für diese Publikation ist bei
Der Deutschen Bibliothek erhältlich

∞

Gedruckt auf alterungsbeständigem, säurefreien Papier
Printed on acid-free paper

ISBN: 3-89821-200-9

Printed in Germany

Vorwort

Ein ständiges Ärgernis in vielen Gesellschaften sind Fremdenhaß und Fremdenfeindlichkeit, mangelnde Toleranz und fehlende Integration. Das gilt ganz besonders dann, wenn aktive Belästigung, physische Angriffe und Schlägereien hinzukommen. Da werden dann Rückgriffe auf vergangene Zeiten laut, das ganz besonders bei uns in Deutschland. Aber man sollte sich da keinen Illusionen hingeben. Je unzivilisierter eine Gesellschaft ist, desto gravierender sind diese Vorgänge, das gilt auch dann, wenn sie unter dem Mantel religiöser oder ähnlicher ideologischer Überzeugungen oder „Gesetze" erfolgen, wie etwa bei den Taliban. Auch diese sind keine Ausnahmeerscheinung. Und man wird diese Probleme weder mit Propaganda noch mit Gerichtsurteilen lösen. Nur ein langdauernder Humanisierungsprozeß kann hier Abhilfe schaffen, denn es gilt, Instinkte außer Kraft zu setzen. Und das gilt nicht nur im Umgang mit Exoten, sondern auch mit Teilgruppen der eigenen Gesellschaft.

Welche Kräfte hierbei am Werk sind und wie man die auftauchenden Konflikte angehen kann, wenn Aussicht auf Erfolg bestehen soll, werde ich im Verlauf dieser Ausführungen herauszuarbeiten versuchen. Dabei werde ich nicht umhin können, vielen besonders sozial und menschenfreundlich Eingestellten Illusionen zu nehmen, Illusionen bezüglich der Natur des Menschen und der Menschengruppen ebenso wie hinsichtlich der Vorstellung sich ändernder und wandelnder Menschen und ihrer Charaktere.

Der Verfasser

Inhaltsverzeichnis

Das Individuum

Verhaltenssteuerung

Was wir im allgemeinen vom einzelnen Menschen sehen und wahrnehmen, sind körperliche Erscheinungsbilder und Verhaltensweisen. Beide hängen zwar mit dem Zusammen, was wir im Alltag Charakter oder besser noch Persönlichkeit nennen, beide sind es aber nicht. Das Erscheinungsbild (einschließlich des Verhaltens) ist eine Resultante aus der Persönlichkeit und den Umweltbedingungen, zu denen natürlich auch die jeweilige Gesellschaft und die jeweiligen Bezugsgruppen gehören. Das lehrt schon ein erster Blick auf die folgende Grafik.

Sie zeigt uns den Prozeß der Reaktionsgestalt Mensch in der Welt, beginnend mit der Aufnahme jener Reize, die für den Menschen wesentlich sind. Sie sind die Stimuli, die mit Hilfe der inneren und äußeren Sinne aufgenommen und umgewandelt – in körpereigene Erregungen - werden. Sie werden zur Zentrale des nervösen Systems geleitet, dort zusammengeschaltet und weitergeleitet und mit Vorhandenem verglichen, ehe sie wirklich wahrgenommen werden, wobei es nicht darauf ankommt, daß die Wahrnehmung dem einzelnen Menschen bewußt gegenwärtig ist. Hier spielen sich also komplizierte psychophysische Prozesse ab, ehe Reaktionen über die Aktoren ausgelöst werden und ein entsprechendes Verhalten erkennbar wird.

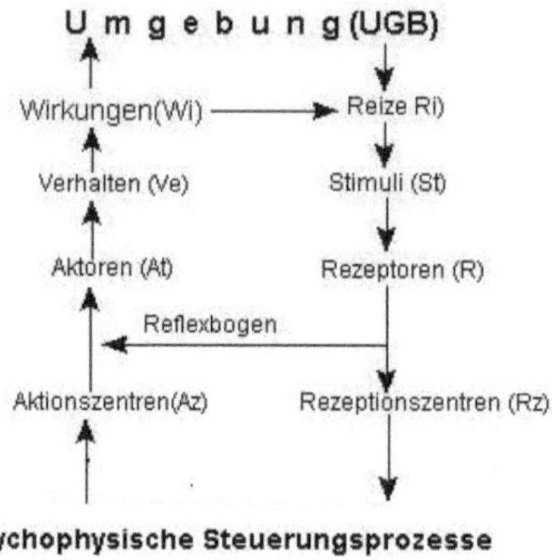

Um zum Verständnis menschlichen Verhaltens vorzudringen, müssen wir uns nun näher mit den psychophysischen Steuerungsprozessen beschäftigen. Die Grafik der folgenden Seite zeigt uns, worauf es ankommt. Dabei wollen wir die Elemente und Komponenten der physischen Lenkung hier weitgehend außer Acht lassen, soweit sie individueller Natur sind, denn sie sind nur im Rahmen entsprechender medizinischer Untersuchungen erfaßbar, soweit sie bis heute überhaupt bekannt sind.[1] Wesentlicher für uns, weil bewußt zu machen, teilweise pädagogisch zu beeinflussen sind die psychischen Aspekte des Steuerungssystems.

Dazu mußte das obige noch recht grobe Modell weiterentwickelt werden. Nach allgemein herrschender Ansicht müssen die Erregungsgestalten als Basis der menschlichen Wahrnehmung betrachtet werden. Damit folgt aber ein weiteres Problem, denn sowohl die tägliche Erfahrung als auch Experimente zeigen, daß verschiedene Menschen bei gleichen Reizen bzw. Stimuli unterschiedliche Wahrnehmungen haben bzw. haben können.

---

[1] So weiß man zwar, daß feinste Körpergerüche anziehend bzw. abstoßend wirken können, wobei nicht einmal der Betroffene sich dieses bewußt machen kann.

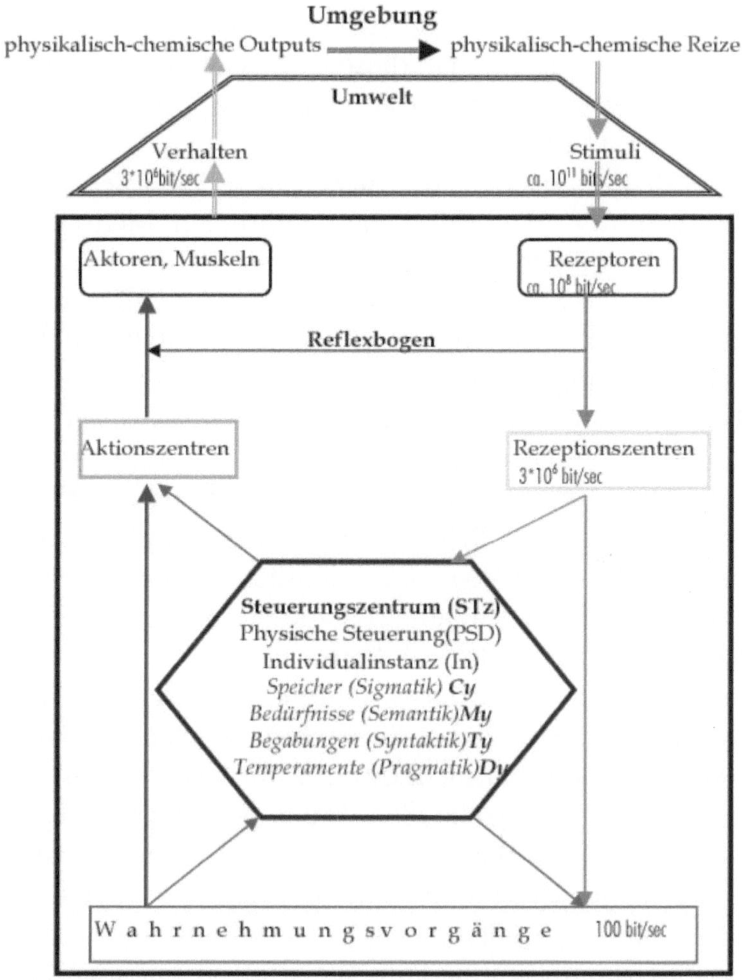

Das kann verschiedene Gründe haben. Es könnte sein, daß die Rezeptoren unterschiedlich sind bzw. die Reize in unterschiedlicher Form in körpereigene Erregungen umformen. Von Anomalien - also relativ seltenen Fällen - abgesehen, erweist sich diese Annahme als falsch. Es könnte auch - wenn man von Leitungsstörungen einmal absieht - sein, daß aufgrund unterschiedlicher Struktur der Rezeptionszentren verschiedene Erregungsgestalten gebildet werden. Auch dieses erscheint wenig wahrscheinlich, da bei entsprechender Führung von außen die auftretenden Wahrnehmungsunterschiede häufig zu beseitigen sind. Daher muß man wohl davon ausgehen, daß diese Unterschiede erst in der Wahrnehmung als psychischem Prozeß gebildet werden. Das heißt, daß sie psychischen Ursprungs sind.

Beobachtet man die menschliche Wahrnehmung näher, so stellt man fest, daß selbst bei demselben Menschen Wahrnehmungsunterschiede bei gleichen Reizen auftreten, sobald z.B. seine Stimmungslage sich ändert. Daraus ist zu schließen, daß psychische Faktoren die Verarbeitung der Erregungsgestalten beeinflussen. Es scheint allerdings keine Veränderung der Wahrnehmungsfunktion selbst vorzuliegen, denn vergleicht man die Wahrnehmungen verschiedener Menschen zu gleichen Stimulikonfigurationen miteinander - anhand der Äußerungen dieser Menschen -, so sind ihre Wahrnehmungen im Prinzip im allgemeinen gleich. Inhaltlich und bedeutungsmäßig treten aber deutliche Unterschiede zutage. Es müssen also Faktoren am Zustandekommen der Wahrnehmung mitwirken, die von „innen" kommen und individuell verschieden sind. Dieses Faktorenbündel, das die Individualität des Informationsverarbeitungsprozesses hervorruft, bezeichnet man als **Persıŋnlichkeit**, die man aber nicht direkt wahrnehmen kann. Man muß sie und ihren Aufbau erschließen. Dabei gewinnt man ein Modell der Persönlichkeit, das das Ergebnis der Schlußfolgerungen beschreibt, und das wir **psychische Individualinstanz (In)** nennen wollen.

Gehen wir von einer solchen Individualinstanz aus, so kann diese nur dann stimuliadäquaten Einfluß auf die Wahrnehmung nehmen, wenn sie in erregungsgestaltadäquater Weise Impulse in den Wahrnehmungsprozeß lenkt. Dazu ist erforderlich, daß eine quantitative Zerlegung der Erregungsgestalt erfolgt, wobei der eine Anteil der Wahrnehmungsstufe, der andere der Individualinstanz zufließt. Die von der Individualinstanz auf diese Anregung ausgehenden Impulse werden im Wahrnehmungszentrum (Wg) mit dem dort eintreffenden Erregungsgestaltanteil zur individuellen Wahrnehmung verknüpft. In gleicher Weise muß davon ausgegangen werden, daß die Wahrnehmung quantitativ geteilt wird, einmal in Richtung auf die Individualinstanz, zum anderen in Richtung auf die Aktionszentren. Auch dabei werden Impulse in der Individualinstanz ausgelöst, die dann mit dem Anteil, der den Aktionszentren zugeleitet wird, verknüpft werden und so die individuellen Verhaltenserscheinungen beeinflussen.

Betrachten wir dieses Grundmodell im Sinne der Darlegungen von Anschütz *„Wissenschaftliche Erkenntnis über einen als IVS darstellbaren Vorgang oder Gegenstand wird erhalten durch eine approximierende Folge von Modellen."*[2], so kommen wir zu dem Schluß, daß die Informationsverarbeitung von Menschen gleichartig, aber dabei durchaus nicht gleich ist. Gleichartigkeit besteht im Prozeßverlauf bis zur Bildung der Erregungsgestalten. Ebenso findet sich eine solche Gleichartigkeit in der Bildung von Reaktionsgestalten in den Aktionszentren sowie in deren Umsetzung zum Verhalten in den Aktoren. Unterschiede ergeben sich in der von der Individualinstanz mitbestimmten Wahrnehmung und den zudem von ihr beeinflußten Reaktionsgestalten, was zu einer Individualisierung des Verhaltens führt. Diese Ungleichheiten müssen im Sinne der bisherigen Überlegungen ihre Ursache in Unterschieden der psychophysischen Persönlichkeit und damit wissenschaftlich gesehen in der psychophysischen Individualinstanz der Menschen haben.

Gehen wir nun davon aus, daß die psychische Individualinstanz ein kybernetisches System ist, was aus der Definition von Klaus[3] unmittelbar folgt, so muß dieses System 4 Aspekte aufweisen. Ehe wir also den nächsten Approximationsschritt tun, müssen wir uns überlegen, welche Bedeutung der Sigmatik, Semantik, Syntaktik und Pragmatik in diesem System zukommt, welche psychischen Sachverhalte den jeweiligen Aspekten des Systems entsprechen.

---

[2] Anschütz: Kybernetik, 4. Aufl. S. 19

[3] Klaus (Her.): Wörterbuch der Kabernetik, Frankfurt 1969: Stichwort „System"

Zu diesem Zweck überlegen wir uns, daß zur Sigmatik das Gegenständliche, gewissermaßen das Arbeitsmaterial des Systems gehört. Das Arbeitsmaterial des Menschen sind nach allem, was wir heute wissen, seine Erfahrungen, seine Algorithmen, seine Fertigkeiten, seine Kenntnisse. Im Alltag sprechen wir im Zusammenhang damit von Gedächtnisinhalten. Allerdings ist der Terminus Gedächtnis nicht unbedingt geeignet für unsere Zwecke, weil er in seiner alltäglichen Verwendung die verschiedenen Wirkungen nicht genügend auseinanderhält. Wir wollen diesen sigmatischen Aspekt daher als Speicher (C) bezeichnen. Der semantische Aspekt eines Systems umfaßt die Bedeutungen, die Richtungsakzente. Diese werden von den Wünschen, Motiven und Bedürfnissen (M) beim Menschen und seinem Verhalten geliefert. Der Ablauf von Wahrnehmung und Verhalten, wozu auch das Tempo des Prozesses gehört, entspricht dem, was wir Temperament nennen, was hier als Dynamik (D) bezeichnet werden soll. Die Syntaktik der Individualinstanz wird von Verknüpfungsfähigkeiten. die wir Begabungen oder Funktionen (T) zu nennen pflegen, verkörpert. Das Ergebnis dieser Überlegungen läßt sich das obige graphische Prozeßmodell einbringen.

Betrachten wir ein solches IVS-Mensch-Modell näher, so stellen wir zunächst fest, daß die aus den Stimuli aufgebauten Erregungsgestalten unserem Erleben - zumindest unserem bewußten Erleben - nicht zugänglich sind. Sie werden von den Rezeptionszentren anscheinend in alle Richtungen ausgestrahlt. Dabei erregen sie auch die Faktoren der Individualinstanz. Bei ihrer Weiterführung in die Rindenregionen, in denen der Wahrnehmungsprozeß sich vollzieht, treffen sie hier mit den Reaktionen der Individualinstanzfaktoren zusammen. Aus der Verknüpfung beider entsteht dann die individuelle Wahrnehmung der jeweiligen Stimulikonfiguration.

Diese Wahrnehmung hat daher subjektiven Charakter. Ob sie von Bewußtsein begleitet ist, ist eine andere Frage. Nach dem heutigen Erkenntnisstand muß das nicht der Fall sein. Damit es zu einer bewußten Wahrnehmung kommt, müssen anscheinend weitere Bedingungen erfüllt bzw. weitere Faktoren beteiligt sein. Wie man sich diese Verknüpfung der Erregungsgestalten mit den Individualinstanzkonfigurationen vorzustellen hat, ergibt sich rein quantitativ aus Übergangsfunktionen. Qualitativ läßt sich darüber noch nichts Endgültiges sagen, doch liegt aufgrund der Ergebnisse der EEG-Forschung usw. nahe, davon auszugehen, daß es sich jeweils um Pulsschwingungen handelt, so daß hier Schwingungsüberlagerungsprozesse am Werke sein dürften. Ob dabei additive oder gar multiplikative „Mischungen" stattfinden, läßt sich noch nicht entscheiden, vielleicht treten auch beide Formen auf. Auf jeden Fall bietet sich bei Anwendung der Schwingungstheorie eine Beschreibung an, die sich nahtlos und ohne Zusatzannahmen in die hier dargelegte Modellkonzeption einfügt und weitere wichtige Schlußfolgerungen (z.B. zu zeitlichen Variationen der Elementenwirkungen) erlaubt, ohne daß ich dieses hier weiter ausführen will.

Auf der Basis der Wahrnehmung bilden sich im Zusammenwirken mit der Individualinstanz die Reaktionsgestalten. Hierbei bestehen aber zwei sehr unterschiedliche Verlaufsformen. Im einen Fall erfolgt die Reaktion gewissermaßen ohne Beteiligung des Bewußtseins, also „automatisch", etwa beim Gehen, beim Schreiben schreibgeübter Personen usw.. Sobald die betreffende Person sich bewußt auf diese Reaktionen zu konzentrieren beginnt, wird der Reaktionsverlauf mehr oder minder gestört. Wir sprechen hierbei von automatisierten Willkürbewegungen. Zwar hat man früher angenommen, daß die Individualinstanz bei solchen Reaktionen nicht beteiligt sei, was aber sicher nicht den Tatsachen entspricht, denn die hierbei eingesetzten Reaktionsmechanismen sind ja Bestandteil der Individualinstanz. Es fehlen lediglich der bewußte Zugriff und die bewußte Kontrolle und Lenkung. Ist eine solche wirksam, kommt es zu mehr oder minder absichtlichen Verhaltensweisen.

Das graphische Modell zeigt zugleich die Komplexität und Differenziertheit des Prozeßablaufes. Es läßt deutlich werden, daß das System ein komplexes System ist und über eine Vielzahl von

Rückkopplungsvorgängen gesteuert wird. Es handelt sich hier also sicher nicht um ein stabiles und statisches System. Im Gegenteil, man kann davon ausgehen, daß nur durch ständige Steuerungseingriffe das Gleichgewicht in diesem System einigermaßen gehalten werden kann. Das System ist infolgedessen recht anfällig und störbar, was sich bei der Beobachtung menschlichen Verhaltens ja auch bestätigt. Zudem enthält das System - das graphische Modell ist natürlich sehr vereinfacht - eine Fülle von Störungsquellen, etwa durch Ausfall von einem oder mehreren Rückkopplungsvorgängen, aber auch durch Leitungs- und Übertragungsstörungen, ebenso wie infolge der Komplexität auch plötzliche Übergänge in andere bzw. neue Organisationsformen möglich sind. Daneben muß man damit rechnen, daß Rezeptoren, Aktoren bzw. die jeweiligen Zentren beeinträchtigt sein können. Alle diese Störungen - mit Ausnahme des Überganges - sind zum physischen Teil zu rechnen, also nicht Gegenstand der Psychologie, wenn sie sich auch psychisch und im Verhalten der betroffenen Individuen auswirken.

Das IVS-Mensch ist folglich labil, aber es ist noch mehr, es ist ein sog. chaotisch-deterministisches System. Das heißt, daß die Ursache-Wirkungskette keineswegs aufgehoben ist, daß aber kleine Ursachen große Wirkungen, große evtl. nur kleine oder gar keine Wirkungen auslösen können. Das System ist nicht linear, wie wir es für physikalische Systeme in der Schule gelernt haben, sondern nicht-linear. Wir können also selbst bei genauer Kenntnis der Systemwerte und der eingehenden Informationen nur näherungsweise Aussagen machen, nur von Wahrscheinlichkeiten des Eintretens eines bestimmten Ereignisses sprechen.

Die nachstehende Übersicht möge zur Orientierung des Lesers schlagwortartig einen Einblick in die Wirkungsfaktoren der psychischen Individualinstanz geben.

Elemente	Aspekt	**Komponenten**
Pp Primitivperson {A} α- Emotionalität β- Triebhaftigkeit γ- Dismotorik	Sigmatik (Cy)	**nul- lebenspraktisches Wissen** α- lebensnahe Vielfalt β-vitale Tiefe

δ- Emotionsleere		γ- vitaler Wahn δ- vitale Verdrängungen
	Semantik (My)	**l- vitale Bedьrfnisse** α- Sinnlichkeit β- Genußhaftigkeit γ- Suchthaftigkeit δ- Unsinnlichkeit
	Syntaktik (Ty)	**vl- lineare Vorstellfдhigkeit**
	Pragmatik (Dy)	**z- Zyklothymie** α- Unmittelbarkeit β- Zykloidie γ- Hyperkinetik δ- Affektarmut
Rp Rationalperson {B} α- Vernünftigkeit β- Vernünftelei γ- Desorientierung δ- Irrationalität	Sigmatik	**gei- geistiges Wissen** α- gedankliche Vielfalt β- gedankliche Tiefe γ- mentaler Wahn δ- Theorieängste
	Semantik	**g- geistige Bedьrfnisse** α- Erkenntnisstreben β- Esoterik γ- Paranoia δ- Ungeistigkeit
	Syntaktik	**dk- Denkkanaltrennung**
	Pragmatik	**s- Schizothymie** α- Disziplinierung β- Schizoidie γ- Traumhaftigkeit δ- Steuerlosigkeit
Up Umweltperson {C} α- Weltzuwendung β- Prestigedrang γ- Narzißmus δ- Weltängste	Sigmatik	**pub- weltliches Wissen** α- gesellschaftliche Vielfalt β- Weltverstehen, -tiefe γ- Anerkennungswahn δ- Ausweichreaktionsformen
	Semantik	**w- weltliche Bedьrfnisse** α- Öffentlichkeitwendung β- Beachtungssuche γ- Exhibitionismus δ- Anspruchsängste
	Syntaktik	**ff- Fingergeschick**

	Pragmatik	**e- Extraversion** α- Kontaktaktivität β- Auffälligkeit γ- Posieren δ- Umweltscheu
Ь p Ьberichperson {D} α- Innenorientierung β- Egozentrizität γ- Ideologismus δ– Opportunismus	Sigmatik	**wel Ideologiewissen** α- weltanschauliche Vielfalt β- Wertverstehen, -tiefe γ- ideologischer Wahn δ- Wertleere
	Semantik	**t- taxonomische Bedьrfnisse** α- weltanschauliche Bindung β- Orthodoxie γ- Fundamentalismus δ- Neutralismus
	Syntaktik	**we- Willensenergie**
	Pragmatik	**j- Intraversion** α- Reserviertheit β- Isolation γ- Verfolgungsängste δ- Vereinsamungsängste
Kp Kulturperson {E} α- Idealismus β- Antifunktionalismus γ- Ritualzwänge δ- Funktionalismus	Sigmatik	**kus- Sozialwissen** α- kulturelle Vielfalt β- Kulturtiefe γ- kulturelle Verschrobenheit δ- Zweckfixierungen
	Semantik	**u- universale Bedьrfnisse** α- Kulturbedürfnisse β- Schöngeistigkeit γ- Erneuerungssucht δ- Kulturängste
	Syntaktik	**vp- planare Formvorstellung**
	Pragmatik	**v- Versatilit∆t** α- Agilität β- Schwärmerei γ- Verstiegenheit δ– Indolenz
Bp Beziehungsperson {F} α- Humanität β- Sentimentalität	Sigmatik	**ige- Humanwissen** α- menschliche Vielfalt β- humane Hintergründe

γ- paranoide Projektion δ- Kollektivdrang		γ- Sendungsideen δ- Selbstverdrängungen
	Semantik	**x- Individuationsbedьrfnisse** α- Selbstverwirklichungsbedürfnis β- Singularisierung γ- Sendungswahn δ- Individuationsängste
	Syntaktik	**dp- Denkplastizit∆t**
	Pragmatik	h- Conjunktivität α- Gefühlstiefe, Bindung β- Gemütsegoismus γ- Conjunktionsrituale δ- Gemütskälte
Gp Gestaltungsperson {G} α- Gestaltungsaktivität β- Aggressivität γ- Aggressionssucht δ- Aktionsangst	Sigmatik	**maf- Machtwissen** α- Führungs-, Gestaltungsvielfalt β- Führungshintergrund, -tiefe γ- Siegeswahnideen δ- verdrängte Gestaltungsideen
	Semantik	**b- Bew∆ltigungsbedьrfnis** α- Führungs-, Gestaltungsstreben β- Herrschsucht γ- Machthunger δ- Lenkungsängste
	Syntaktik	**fh- Handgeschick**
	Pragmatik	**a- Aktivit∆t** α- Angriff, Durchsetzung β- Hitzigkeit γ- Aktionssucht δ- Inaktivität
Sp Sozialperson {H} α- Hingabe β- Schwächegefühle γ- Hilflosigkeit δ- Anpassungsängste	Sigmatik	**men- Anpassungswissen** α- soziale Vielfalt β- soziale Tiefe γ- soziale Wahnvorstellungen δ- Soziale Verdrängungen
	Semantik	**c- caritative Bedьrfnisse** α- Beteiligungsdrang β- Verwöhnungsdrang

		γ- Rettungszwänge δ- Verständnislosigkeit
	Syntaktik	**wm- Willensmobilit∆t**
	Pragmatik	**p- Pathik** α- empfänglich β- Nachgiebigkeit γ- Abhängigkeiten δ- Sprödigkeit
Ep Einstellungsperson {I} α- Sicherheit β- Bedenkenlosigkeit γ- Größenwahn δ- Lebensangst	Sigmatik	**wek- Werkwissen** α- Qualitätenvielfalt β- Qualitätstiefe γ- Qualitätsutopien δ- Qualitätenverdrängungen
	Semantik	**q- Qualit∆tsbedьrfnisse** α- Qualitäts-, ästhetisches Streben β- Ästhetizismus γ- Qualitätssucht δ- Nivellierungszwang
	Syntaktik	**vk- kubische Vorstellung**
	Pragmatik	**m- Sanguinik** α- Optimismus β- Leichtfertigkeit γ- manisch δ- Kleinheitsgefühle
Op Ordnungsperson {J} α- Abwägen β- Schematismus γ- Beeinträchtigungswahn δ- Chaotismus	Sigmatik	**fos- Formalwissen** α- Ordnungsvielfalt β- Systemtiefe γ- verschrobene Ordnungsideen δ- verdrängte Ordnungsinhalte
	Semantik	**o- Ordnungsbedьrfnisse** α- Systematisierungsdrang β- Regelstarre γ- Systemzwänge δ- Unordnung
	Syntaktik	**de- Denkelastizit∆t**
	Pragmatik	**d- Melancholie**, α- Ernst, Tiefsinn β- Launen γ- Depression

		δ- Stimmungsflachheit
Fp Fortschrittsperson {K} α- Expansivität β- Überschwang γ- Konzeptchaos δ- Zukunftsängste	Sigmatik	**fot- Zukunftswissen** α- progressive Vielfalt β- exotische Tiefe γ- Progressionsutopismen δ- Veränderungsverdrängungen
	Semantik	**f- Bedьrfnisse der Ferne** α- Bedürfnis nach Unbekanntem β- Nichtseßhaftigkeit γ- Neuheitensucht δ- Fremdenängste
	Syntaktik	**fk- Bewegungskoordination**
	Pragmatik	**k- Kaptation** α- Schwung β- Unrast γ- Eruptivität δ- Kaptationsangst
Tp Traditionsperson {L} α- Bewahrung β- Sturheit γ- Stupor δ- Wurzellosigkeit	Sigmatik	**bog- Sicherheitswissen** α- ökonomisch-traditionelle Vielfalt β- Selbstverständlichkeitentiefe γ- zwanghafte Selbstverständlichkeiten δ- Gewohnheitenunterdrückung
	Semantik	**n- Bedьrfnisse der NДhe** α- Vertrautheitssuche β- Gestrigkeit γ- negativistisches Kleben δ- Vertrauenslosigkeit
	Syntaktik	**wk- Willenskonstanz**
	Pragmatik	**r- Retention** α- Unbeirrbarkeit β- Verfestigung γ- Haltungsstarre δ- Hinreißbarkeit

Bedenkt man, daß alle diese Größen in unterschiedlichem Grade in jeder psychischen Individualinstanz wirken, kann man sich in etwa vorstellen, wie groß die Unterschiede zwischen Individuen sein können. Ehe wir uns aber nun Gruppen, Gesellschaften usw. zuwenden können, müssen wir uns darüber klar sein, daß diese Wirkungsgrößen im Laufe der Entwicklung ihre besonderen Formen erhalten. Was dabei zu bedenken ist, möge der Leser dem folgenden Abschnitt entnehmen.

Entwicklung der Persŋnlichkeit

Grundlagen

Betrachtet man sich die psychophysische Persönlichkeit im Verlaufe des Lebens eines Individuums, so erkennt man schon bei flüchtigem Hinsehen, daß sie Veränderungen unterworfen sein muß. Diese Veränderungen sind um so offensichtlicher und gravierender, je jünger das Individuum ist. Vergleicht man den Zustand eines Neugeborenen mit dem eines Erwachsenen, wird der Unterschied besonders deutlich. Derartige Unterschiede sind von Altersstufe zu Altersstufe zu erkennen. Die auftretenden Veränderungen scheinen einem Ziel zuzustreben. Man spricht daher in Anlehnung an bekannte biologische Prozesse von Entwicklung. Diese ist im Physischen besonders deutlich und leicht festzustellen. Sie läßt sich aber auch im zentralen und peripheren Nervensystem und deren Funktionsweise gut verfolgen. Die Naturwissenschaften lehren, daß man in Fragen der Entwicklung zwischen jener der Art (***Phylogenese***) und der des Einzelwesens (***Ontogenese***) unterscheiden muß. Schon Häckel hat erkannt, daß zwischen diesen beiden Zusammenhänge bestehen. Das von ihm aufgestellte ***biogenetische Grundgesetz*** „die Ontogenese ist die verkürzte Rekapitulation der Phylogenese" gilt sicher nicht in der Strenge, wie es der Wortlaut vermuten lassen kann. Es beschreibt den Tatbestand nur näherungsweise, zumal auch in dieser Hinsicht keine deterministischen Systeme vorliegen, also auch mit Sprüngen zu rechnen ist. Im allgemeinen kann man aber davon ausgehen, daß derartige Zusammenhänge bestehen, zumindest in physischer Hinsicht. Überlegt man sich nun, daß der Informationsverarbeitungsprozeß sich auf der Basis der physischen Strukturen vollzieht, erscheint der Schluß gerechtfertigt, daß auch die psychischen Faktoren und Prozesse im Zuge ihrer Entwicklung Zustände durchlaufen, die den Vorgängern der Spezies homo sapiens eigen waren, selbst wenn diese Zustände der Gestaltung des heutigen menschlichen Lebens nicht mehr angemessen sind. Tatsächlich deuten viele frühkindliche Verhaltensweisen darauf hin.

Im Zusammenhang mit der Entwicklung muß aus vielerlei Gründen davon ausgegangen werden, daß Verlauf und Ziel dieses Prozesses von Erbanlagen bestimmt werden. Diese Anlagen werden bei der Befruchtung in Form der Gene dem neuen Lebewesen mitgegeben. Sie bestimmen nicht nur physische Eigenschaften, sondern auch den speziellen Aufbau des Zentralnervensystems als Basis der Informationsverarbeitung. Ohne dabei zunächst auf die bestehenden individuellen Unterschiede einzugehen, können wir heute nicht mehr daran zweifeln, daß die ererbten Anlagen auch die spezielle Gestalt der psychischen Individualinstanz mitbestimmen. Zugleich ist aber auch offensichtlich, daß die Einwirkungen der Umwelt bei der Ausbildung dieser Anlagen eine wichtige Rolle spielen. Das ergibt sich zudem daraus, daß der Mensch ein offenes Informationsverarbeitungssystem (IVS) ist. Welcher Anteil den Anlagen und welcher der Umwelt zukommt, war lange Zeit in der Wissenschaft heftig umstritten. Heute wird darüber nüchterner gedacht, zumal man erkannt hat, daß dieses individuell verschieden sein kann und sicher bei verschiedenen Komponenten auch unterschiedlich ist. Zudem ist die Beantwortung dieser Frage für die meisten Problemstellungen der Verhaltenswissenschaften nicht so wichtig, wenigstens nicht, solange es sich um die Entwicklung geeigneter Modelle und die Beschreibung und Erklärung der Persönlichkeit und ihres Verhaltens handelt. Und das hier verwendete Modell muß grundsätzlich nicht geändert werden, egal, ob man davon ausgeht, daß alles Anlage oder alles erworben ist. Wäre alles anlagebedingt, muß nur insofern eine Änderung erfolgen, als ein angelegtes unbeeinflußbares Entfaltungsprogramm anzusetzen ist. Wäre alles erworben, hätte man anzusetzen, daß es keine oberen Entfaltungsgrenzen und festen Entfaltungsprogramme gibt. Bedeutsamer für unsere

Fragestellung erscheint generell die Eigenart des Entwicklungsprozesses.

Es ist heute allgemein bekannt, daß Verhaltensmöglichkeiten zu bestimmten Zeiten ***reifen***. Erst dann werden sie einer Ausbildung in der Auseinandersetzung mit der Umwelt zugänglich. Reifen[4] heißt aber nicht, daß die entsprechenden Faktoren in dem betreffenden Augenblick erst entstehen. Sie werden lediglich ***sensibilisiert***, also weiterer Formung und Entwicklung zugänglich gemacht. Es erhebt sich dazu die Frage, was vor dem Reifungszeitpunkt war und wie der Reifungsprozeß verläuft bzw. welche Stadien er aufweist. Ferner muß eine Antwort darauf gefunden werden, ob dieser Prozeß für alle Faktoren gleich ist oder ob und welche Unterschiede bestehen. Von der obigen Faktorenübersicht her ergibt sich zwangsläufig, daß verschiedenartige Zustände auftreten müssen, insbesondere soweit es sich um Faktoren verschiedener Aspekte des Systems handelt.

Betrachten wir dazu zunächst die syntaktischen Dimensionen, so bestehen bei ihnen nur zwei Möglichkeiten, nämlich Vorhandensein oder Nichtvorhandensein. Während der Entwicklung des Menschen wächst erfahrungsgemäß das Begabungspotential. Es erreicht von Null oder geringen Werten kommend im Laufe des Kindheits- und Jugendalters sein individuelles Endniveau. Eine nähere Analyse zeigt, daß dabei wie im Physischen das Wachstum anfangs sehr schnell und später immer langsamer verläuft. Es dürfte mit dem Wachstum bestimmter grauer Zellen verknüpft sein und sich nach Art der biologischen Wachstumskurve vollziehen. Durch Umwelteinflüsse kann dieses Wachstum kaum wesentlich beschleunigt, aber doch stark behindert oder gar unterdrückt werden, was leider bei sehr vielen jungen Menschen der Fall ist. Das Ergebnis ist dann im syntaktischen Bereich eine mehr oder minder starke Atrophie.

---

[4] Reifen ist nicht mit „menschlicher Reife" zu verwechseln

In den Komponenten des sigmatischen Aspekts sieht das naturgemäß ganz anders aus. Hier haben wir es in der Auseinandersetzung mit der Umwelt mit ***Leerstellen*** zu tun, die zu füllen und miteinander zu verknüpfen sind. Dabei muß es wesentlich sein, daß das Füllen jeder Dimension in spezifischer Weise geübt wird. Es müssen in jeder Dimension die von Ausubel geforderten ***Ankerstrukturen*** als Kondensationskerne gelegt werden, an die später weitere Inhalte angelagert werden können. Der Entwicklungsprozeß besteht hier darin, Leerstellen zu füllen, und zwar zunächst mit grundlegenden, eher gröberen und umfassenderen ergänz- und modifizierbaren Inhalten, aber nicht mit „Unwissen und Vorurteilen". Allerdings muß man dazu wissen, welche Inhalte in welcher Form zu vermitteln sind, welche zu Unwissen und Vorurteilen führen. Das ist für viele Menschen nicht ohne Hilfsmittel zu entscheiden. Und hier sind die Pädagogen und Fachwissenschaftler gefordert. Es muß ihre Aufgabe im Dienste der Gesellschaft und ihrer Menschen sein, für die Fülle geistes- und naturwissenschaftlicher, sozialer und technischer Themen, solche Ankerstrukturen zu ermitteln und dazu die Ergänzungen und Modifikationen zu erarbeiten und als Hilfestellung für Eltern und Entwicklungshelfer zu publizieren, etwa in der Form, wie es in Büchern heute teilweise schon geschieht (etwa in *Wie funktioniert das?*). Darauf kann dann weiterführende Literatur aufbauen, wie auch die Schule diese Grundlagen ausbauen sollte. Bei alledem sollte eine Vermenschlichung der Natur grundsätzlich unterbleiben. Nicht übersehen darf man allerdings, daß manche Inhalte aus den verschiedensten Gründen verdrängt werden, d. h. aus den adäquaten Komponenten ausgeschlossen, und damit frei im Speicher zu flottieren scheinen. Ferner finden sich Inhalte ohne Bezug zur Realität, die man als Wahnideen bezeichnet, ohne daß sich heute schon sagen läßt, wie sie in die Komponentenstruktur einzuordnen sind.

Bei den Komponenten des semantischen und pragmatischen Aspekts liegt ebenfalls - wie dargelegt wurde - eine differenziertere Formenstruktur vor. Zudem handelt es sich bei ihnen gemäß Modellkonzeption wie auch üblicher Auffassung um „ tieferliegende“ Faktoren. Sie sind daher wahrscheinlich schon bei der Geburt ausgeprägt. Das heißt allerdings nicht, daß sie fertig vorliegen und schon alle soweit sensibilisiert sind, daß ihre Entwicklung in der Auseinandersetzung mit der Umwelt erfolgt. Es ist also die Frage zu stellen, in welcher Form sie in diesem statu nascendi vorliegen. Die von der Tiefenpsychologie gelieferten Erklärungen laufen nahezu alle darauf hinaus, daß die negativen Realformen eine Folge von Stauungen und Frustrationen sind, weshalb hierbei auch von Gehemmtheiten gesprochen wird. Mit dem biogenetischen Grundgesetz sind diese Erklärungen jedoch nicht ohne weiteres zu vereinbaren. Sie erweisen sich zudem als wenig hilfreich, sobald es sich um psychotische Phänomene handelt. Es erscheint daher sinnvoll, sich einmal die Entwicklungsstadien und ihre Merkmale für einzelne Komponenten zu vergegenwärtigen:

z	*1. Stadium*	hyperkinetische Reaktionen(vor allem pränatal)
	2. Stadium	Impulsschwäche, Impulshemmung (natal)
	3. Stadium	augenblicksabhängige, überschwengliche Reaktionen (Säugling, Kleinkind)
	4. Stadium	unmittelbare Emotionalität (Erwachsener)
s	*1. Stadium*	Traumhaftigkeit, Realitätsfremdheit(1. Lebensjahr)
	2. Stadium	Steuerungsmangel, Disziplinschwäche (2.-3. ")
	3. Stadium	eingeengter Schematismus, Regelhaftigkeit(4. ")
	4. Stadium	reflektierende, kritische Steuerung (Erwachsener)
m	*1. Stadium*	manische Reaktionen(nachgeburtlich)
	2. Stadium	Unsicherheiten, Lebensängste(8 Monatsangst)
	3. Stadium	unvorsichtige Risikobereitschaft (danach)
	4. Stadium	heitere, optimistische Haltung (Erwachsener)

Berücksichtigt man bei der Betrachtung dieser und ähnlicher Phänomene, daß - wie Biologie und Verhaltensforschung lehren - jeder höhere Entwicklungsstand Reste früherer Zustände einschließt, ergibt sich daraus, daß jeweils nur ein - individuell verschieden großer - Anteil aus dem ersten Stadium (atavistisch) ins zweite (gehemmt), davon wieder nur ein Teil ins dritte (infantil) und hiervon nur ein Teil ins vierte Stadium (reif, angemessen) überführt wird. Das bedeutet, daß in den semantischen und pragmatischen Dimensionen im allgemeinen Anteile aller vier Zustandsformen der Komponenten anzutreffen sind. Das entspricht bestens den Beobachtungen, die man jeden Tag bei seinen Mitmenschen machen kann. Darüber hinaus folgt, daß das Verhältnis der Anteile in den Komponenten keineswegs konstant bleiben muß. Auch das entspricht den Beobachtungen. So ist dann der Entwicklungsprozeß in semantischer und pragmatischer Hinsicht weniger ein Wachstum als ein Entfaltungsprozeß, was insbesondere Alice Miller und Bruno Bettelheim herausgefunden haben. Das Ergebnis dieses Entfaltungsprozesses ist allerdings auch nicht unbedingt stabil. Insbesondere die Formen der späteren Stadien scheinen recht labil zu sein, was eine weitere Labilisierung des IVS Mensch mit sich bringt.

Die Entfaltung als Übergang von Stadium zu Stadium müßte im Hinblick auf die bisherigen Überlegungen an bestimmte Sensibilisierungsphasen gebunden sein. Das betrifft vor allem den Übergang von atavistischen zu gehemmten Werten und von dort zu infantilen. Allerdings muß man davon ausgehen, daß solche Übergangsmöglichkeiten auch außerhalb dieser Phasen geschaffen werden können. Das setzt allerdings besondere Umweltbedingungen und Techniken voraus. Das zeigen vor allem die Ergebnisse psychotherapeutischer und psychiatrischer Behandlungen.

Diese Folgerungen aus dem Modell erklären ferner, warum auch bei Nichtentfaltung die jeweils vorhandene Energie erhalten und - wenn auch in störender Weise - wirksam bleibt. Es bedarf folglich auch keiner Zusatzannahmen für die Entstehung neurotischer wie psychotischer Formen. Unwesentlich ist im Rahmen der Modellentwicklung dabei, ob derartige Entfaltungsstörungen eher hereditär oder milieubedingt sind. Das wird erst wichtig, wenn man entscheiden muß, ob eine Behandlung erfolgversprechend oder aussichtslos ist. Erklärbar - ohne Zusatzannahmen - wird bei diesem Ansatz auch, warum z.B. Neurosen oft erst viele Jahre nach der Entstehung der ihnen zugrundeliegenden Ursachen ausbrechen. Aufgrund der erwähnten Labilität muß man bei entsprechenden Belastungen und zugleich bestehenden größeren Entwicklungsrückständen damit rechnen, daß diese Rückstände aufgefüllt werden. Man spricht dabei von ***Regressionen***. Die Regressionsgefahr wächst naturgemäß mit der absoluten wie relativen Stärke der entsprechenden Restbestände. Zugleich verdeutlicht der Ansatz, warum jedes Individuum in mehr oder minder großem Umfange psychotisch und neurotisch sowie infantil reagiert. Das findet man dann auch bei jenen Individuen, in deren Lebensgeschichte entsprechende Frustrationen - die nach Meinung vieler Tiefenpsychologen allein Ursache dafür sind - fehlen. Aus pädagogischer Sicht ergibt sich folglich die Aufgabe, die vorhandenen, wenn auch nicht bekannten Anlagen möglichst vollständig in angemessene und reife Formen zu überführen. Nicht Erziehung, sondern Entfaltungshilfe im Sinne von Alice Miller und Bruno Bettelheim muß geleistet werden. Es ist demnach Aufgabe der pädagogischen Psychologie, Methoden und Bedingungen zu bestimmen, die es erlauben, dieses Ziel zu verwirklichen. Dazu muß man naturgemäß zunächst einmal die Bedingungen kennen, die die Entfaltung behindern. Ehe wir dieses unternehmen, sei zunächst ein Blick auf den Verlauf der psychischen Persönlichkeitsentwicklung geworfen.

Entwicklungsphasen

Hierzu gibt es in der psychologischen Literatur eine Vielzahl von Hypothesen mit sehr unterschiedlichen und teilweise äußerst differenzierten Stufeneinteilungen. Bei vielen dieser Unterteilungen besteht kaum die Möglichkeit, sie vom Verhalten her gegeneinander abzugrenzen und zu identifizieren. Als relativ gut trennbar erweisen sich lediglich 6 Abschnitte der menschlichen Entwicklung:

- frühe Kindheit
- späte Kindheit
- Jugendzeit
- frühes Erwachsenenalter

- spätes Erwachsenenalter
- Altersphase

Legt man diese Einteilung zugrunde, wobei die noch wenig geklärte pränatale Entwicklung hier ausgeklammert werden soll, so beginnt die Entfaltung des IVS Mensch mit der Geburt. Rechnen wir - wie üblich - diese frühe Kindheit etwa bis zum Schuleintritt, also bis zum Abschluß des 6. Lebensjahres, so erkennen wir, daß das Kind in dieser Phase physisch wie psychisch die größten Entwicklungsschritte pro Zeiteinheit durchläuft. Das gilt auch im Hinblick darauf, daß das Kind in dieser Zeit vieles nachholt, was es als Frühgeburt während der relativ kurzen Schwangerschaft nicht ausbilden konnte. Das heißt aber auch, daß das Gesamtsystem in dieser Phase besonders anfällig und labil sein muß, was Beobachtungen bestätigen. Ich bin daher der Meinung, man sollte hier von der ***Kindheitskrise*** sprechen.

In dieser Kindheitskrise reift ein großer Teil der Grunddimensionen der Aspekte. Die Komponenten werden in der Auseinandersetzung mit den Umwelteinflüssen ausgebildet und ausgeprägt, evtl. aber auch infolge ungünstiger Umwelteinflüsse nicht entfaltet bzw. nicht in die entsprechenden Formen umgebildet. Im letzteren Falle bleiben folglich größere Reste früherer Entwicklungsstufen erhalten, die in den späteren Entwicklungsphasen, also außerhalb der Sensibilisierungszeiten, nicht mehr oder nur mit Hilfe besonderer Maßnahmen oder durch besondere Ereignisse zur Entfaltung gebracht werden können. Das gilt vor allem für den Übergang von atavistischen zu reifen Werten.

Während der späten Kindheit vollzieht sich die Entwicklung mehr im Sinne einer Integration, Abrundung[5] und Vervollständigung sowie Übung der bis dahin entfalteten Dimensionen. Eine Art Ruhe- oder ***Latenzphase*** folgt damit der Kindheitskrise. Das gilt sowohl in psychischer als auch in physischer Hinsicht. Dieses entspricht dem, was Ruch und Zimbardo als Sozialisierungs-

---

[5] wie im Physischen

prozeß bezeichnen. Zugleich werden während dieser Zeit die sigmatischen Leerstellen gefüllt, und das in einer späterem Zugriff zugänglichen Form.

In dieser Zeit beginnt für das Kind in unseren westlichen Industriegesellschaften die Schulzeit. Soweit es die Entwicklungsförderung angeht, gewinnt die Schule an Bedeutung, als sie angemessene Formen stützen und stärken, infantile allmählich abbauen helfen soll. Sie muß das Kind zudem darin unterstützen, seine inzwischen entfalteten Komponenten zu üben. Das gilt besonders bezüglich der Dimensionen des sigmatischen und des syntaktischen Aspekts. Zudem soll sie den Umgang mit Gleichaltrigen und Institutionen - zunächst der Schule - vermitteln. Primär gesehen hat die Schule einen Bildungsauftrag.

Innerhalb ihrer ***Schonwelt*** muß sie - vor allem als Grundschule - die grundlegenden Techniken und Inhalte der jeweiligen Kultur vermitteln. Innerhalb einer pluralistischen Gesellschaft wie der unsrigen erhebt sich dabei allerdings die Frage, welcher Kultur? Berücksichtigen wir, daß in der Grundschule bei uns alle Kinder - gleichgültig welcher Herkunft und welcher Individualität - gebildet werden sollen, so müssen wir aufgrund der bisher gewonnenen Ergebnisse bezweifeln, daß die Grundschule tatsächlich die Entwicklung fördern kann. Viele Inhalte und generelle Kulturtechniken wird sie vermitteln können, wenn auch aufgrund der Unterschiede der Individualinstanzen der beteiligten Kinder nicht mit optimalem Effekt. Sie wird einige Kinder unterfordern, andere überfordern und für viele eine Fehlanforderung darstellen. Daraus werden - vor allem später, besonders mit Beginn der Jugendkrise - erhebliche Konflikte entstehen.

Dieses alles beginnt schon damit, daß jeder Mensch unterschiedlich lernt und jeder Lehrer verschieden lehrt. Geht man von der optimalen Lernweise der Kinder und Jugendlichen aus, so erkennt man, daß Schule nur dann größere Effektivität erzielen wird, wenn sie ein äußerst differenziertes Lehrangebot - inhaltlich wie methodisch - liefert. Das gilt also auch hinsichtlich des jeweils gewählten Niveaus und der ihrer Arbeit zugrundeliegenden Zielsetzung. Diese Voraussetzung betrifft nicht nur die weiterführenden Schulen, sondern ebensosehr die Arbeit der Grundschule. Da ihr keines unserer Schulsysteme gerecht wird, ist der Förderer als Entwicklungshelfer des Schulkindes besonders gefordert. Dem kann er allerdings nur entsprechen, wenn er eine möglichst präzise Diagnose der kindlichen Individualinstanz vorliegen hat[6].

In neuerer Zeit wird in der Schulpolitik - auch unter dem Einfluß wirtschaftlicher Interessengruppen - mehr und mehr die Ausbildungsfunktion der Schule herausgestellt und die Bildungsfunktion vernachlässigt. Damit ist zwangsläufig eine Einengung der Entwicklung und der Persönlichkeitsbildung verbunden, und damit die Gefahr gegeben, daß der Mensch Gruppenzwängen in erhöhtem Maße anheimfällt. Das mag zwar für eine schnelle Anpassung an das Berufsleben positiv sein, schränkt aber die Möglichkeiten der ***Selbstverwirklichung*** und damit der realitätsangemessenen Flexibilität der Persönlichkeit beträchtlich ein. Dieses erscheint mir unter Berücksichtigung der Trends (Verminderung beruflicher Einsatzzeiten und Anwachsen frei zu gestaltender Freizeit) jedoch als äußerst gefährlich. Die auf diese Weise im Zuge der Außenlenkung verstärkten Abhängigkeiten von den jeweiligen Stimulikonfigurationen erfordern gesellschaftliche Beschäftigungs- und Freizeitprogramme mit Führung und Anleitung von außen und vergrößern die Abhängigkeit der Menschen von Institutionen und anderen. Wir müssen bei allen Betrachtungen nämlich bedenken, daß wir in einer, wie Riesmann sagt, außengelenkten Gesellschaft leben, in der die Individuen weniger aus ihren inneren Vorstellungen und Maßstäben heraus leben, sondern sich in größerer Zahl vorwiegend von den jeweiligen Umständen und Reizkonfigurationen der Außenwelt leiten lassen. Zudem können hierbei in solche Zweckformung nicht einbezogene Komponenten leicht in infantilen Formen verharren und Auslöser gravierender Verhaltens- und Anpassungsstörungen

---

[6] dazu vergleiche B. Waszkewitz: Pädagogischer Wegweiser, Stuttgart 2001

werden. Dabei spielt auch die zunehmende psychische Vermassung eine Rolle, wenn man Moscovici (*Das Zeitalter der Massen*) folgen will.

Ein zweiter Reifungsschub beginnt mit etwa 11 bis 12 Jahren, wobei das Einsetzen dieser Veränderung individuell zu sehr unterschiedlichen Zeitpunkten erfolgt. Anlaß dafür sind primär Umstellungen im Hormon- und Zentralnervensystem. Es beginnt damit die ***Jugendkrise***, die oft als Pubertät bezeichnet wird, wobei man dann zwischen Frühpubertät, Spätpubertät und Adoleszenz unterscheidet. Dabei gerät das bisher ausgebildete Gefüge aus dem Gleichgewicht. Es reifen neue Dimensionen, die nicht nur entfaltet werden müssen, sondern auch einbezogen werden sollen, wenn keine Spaltung der Persönlichkeit entstehen soll. Die entsprechenden Komponenten der Aspekte verändern zugleich die Dimensionen des Systems. Naturgemäß kann es auch hierbei zu Entfaltungsrückständen kommen, nicht nur atavistischen, sondern auch Gehemmtheiten und Infantilismen. Soweit es sich um Gehemmtheiten handelt, stellen sie die Grundlage der sog. ***Schichtneurosen*** dar, die infolge ihrer späteren Entstehung im allgemeinen leichter zu behandeln sind als die sich auf der Grundlage von in der Kindheitskrise entwickelten Gehemmtheiten ausbildenden ***Kernneurosen***.

Im Gegensatz zu früheren Jahrzehnten erreichen die Heranwachsenden die volle Reife und Selbständigkeit in psychosozialer Hinsicht heute wesentlich später, wie Portmann dargelegt hat. Sie überwinden vor allem die primär infantilen Formen der sich in der Jugendkrise ausbildenden Komponenten erst in späterem Alter. Das ist folgerichtig, wenn man bedenkt, daß sowohl die dingliche als auch die soziale Welt heute viel differenzierter und komplexer sind als etwa noch vor 50 und mehr Jahren. Es muß vom Individuum daher mehr verarbeitet werden, um ein angemessenes Verhalten, eine reife und realitätsangepaßte Individualinstanz auszubilden. Und dazu braucht der Mensch mehr Zeit. Damit wächst naturgemäß die Gefahr, daß die Entfaltung behindert oder nicht genügend vollzogen wird und zusätzliche Regressionen stattfinden, was unter Umständen auch zur größerer Abhängigkeit von anderen, von Gruppen, Sekten usw. führt. Das um so mehr, als unsere Gesellschaft sich dem Wahn hinzugeben scheint, Menschen seien heute früher reif als noch vor Jahrzehnten. Gleiche Überlegungen finden sich bei Erikson, wie Ruch und Zimbardo dargelegt haben.

Die Entwicklung der Individualinstanz endet nicht mit dem Abschluß der Jugendkrise, wenn sich auch allem Anschein nach keine neuen Dimensionen mehr herausbilden. Es treten aber noch weitere Krisen auf, die die mit Abschluß der Adoleszenz vorliegende Struktur erschüttern können. Dazu gehört die sog. ***40-Jahrs-Krise***, die neuerdings auch als ***Midlife-crisis*** bezeichnet wird. In diesem Alter findet zwar eine gewisse hormonale Rückbildung statt, doch scheint die eigentliche Ursache eine Änderung der Umwelt zu sein, wenn man einmal von dem allmählichen Nachlassen der physischen Kräfte absieht. Die Kinder sind meistens groß geworden, sexuelle Wünsche lassen häufig nach oder sind gar verpönt. Die Chancen für neue Unternehmungen - auch und vor allem im Beruf - werden von maßgeblichen gesellschaftlichen Kräften beeinträchtigt. In dieser veränderten Umwelt muß die aktive und expansive Haltung der Vorphase im allgemeinen aufgegeben werden. Das Individuum muß sich mehr der Sicherung und Konsolidierung dessen zuwenden, was bis dahin erreicht wurde. Gelingt diese Umstellung nicht und findet das Individuum auch keinen Weg, zu neuen Ufern zu gelangen, so kommt es zu Konflikten zwischen der Umwelt und der Persönlichkeit, aber auch zu solchen innerhalb des Individuums. Diese Konflikte sind nur zu lösen, wenn das Individuum sich ein neues Fundament schaffen kann, das im allgemeinen primär im privaten Sektor liegen muß. Gelingt das nicht, wird das an Störungen des Verhaltens deutlich, wobei mangels Neuorientierung meistens auf frühere Problemlösungstechniken zurückgegriffen wird. Die Folge sind dann Regressionen, die vor allem von der sozialen Umwelt nicht akzeptiert werden. Das bedeutet, daß die vorhandenen Sozialisierungseffekte nicht geeignet sind, das Verhalten in der veränderten Umwelt angemessen zu steuern. Evtl. gehen dabei auch Positionen wieder verloren, die schon erreicht waren. Ob damit aber zugleich eine soziale Auffälligkeit verbunden ist, hängt in besonderem Maße von den Vorstellungen ab, die in der jeweiligen Gesellschaft herrschen.

Vorhandene Energien verlagern sich bei derartigen Regressionen zurück, zunächst in den β- Bereich (infantile Formen), dann in den der δ-Formen (Gehemmtheiten), wozu Angstbildungen in erhöhtem Maße gehören, die weitere Fehlreaktionen veranlassen. Schließlich können dabei auch γ-Formen (atavistische) entstehen. Es ist also eine Entwicklungsphase, in der in erhöhtem Maße die Gefahr des Ausbruchs von Neurosen und Psychosen besteht, was durch die Beobachtungen der Therapeuten und Psychiater nur bestätigt wird. Das alles ist weitgehend eine Folge der gesellschaftlichen Umstände in ihrer Wirkung auf lange vorher entwickelte Individualinstanzstrukturen. Das gilt vor allen Dingen in außengelenkten Gesellschaften. Natürlich treten diese Erscheinungen durchaus nicht bei allen Individuen und nicht mit gleicher Häufigkeit in allen Gesellschaften auf.

Ähnliches gilt für die ***Pensionierungskrise***, die z.B. in freien Berufen oder bei Selbständigen und Künstlern sehr selten oder gar nicht zu beobachten ist. Gerade bei abhängigen Arbeitnehmern tritt sie auf. Ihnen wird die vertraute Umwelt, die eingespielte Stimulikonfiguration mit der Pensionierung plötzlich entzogen. In einer derart veränderten Stimulikonfiguration muß es zu beträchtlichen Änderungen der Verhaltensweisen - vor allem durch Umlenkungen und Sublimationen im Bedürfnisbereich - kommen, wenn wir an unsere Übergangsfunktion denken. Das muß nicht heißen, daß auch Veränderungen der Individualinstanz wirksam werden. Da die meisten Menschen keine Verhaltensalgorithmen für diese veränderten Gegebenheiten gelernt haben, fehlen ihnen die Reaktionsschemata und Zielgegenstände zur Lösung des Problems. Dadurch können sich dann neben äußeren auch innere Konflikte und wiederum Regressionen aufbauen. Das gilt um so mehr, als mit zunehmendem Alter weitere physische Veränderungen wirksam werden. Im übrigen trifft dieses nicht nur Menschen, die mit 65 oder 62 in Pension oder Rente gehen, sondern besonders auch jene, die vorzeitig wegen Krankheit aus dem aktiven Arbeitsleben ausscheiden müssen. Menschen, die mit etwa 50 Jahren arbeitslos werden und keinen neuen Job mehr finden, werden davon besonders häufig betroffen sein.

Soweit es die sigmatischen Komponenten, also Wissen und Erfahrung, Lösungsmethoden und Reaktionsschemata angeht, liegen bis heute keine klaren und brauchbaren Beobachtungsdaten über deren Zeitverlauf vor. Ferner besteht auch noch keine genaue Kenntnis, wann atavistische bzw. gehemmte Zustände herausgebildet werden. Einstweilen sieht es so aus, als ob jeweils zu Beginn der Sensibilisierungsphase derartige Formen auftreten. Ihre Anteile an den jeweiligen Komponenten bleiben dann häufig bis zur kritischen Belastung latent bzw. verdeckt. Soweit es sich um die γ–,δ-Formen im sigmatischen Aspekt handelt, sind sie für das Individuum nicht mehr willkürlich abrufbar, was aber keineswegs dahingehend gedeutet werden darf, daß sie nicht wirksam werden. Besonders in der Altersphase können sie intensiver wirksam und dann auch evtl. bewußt werden, wobei sie die vorhandenen positiven Figur-Grundformen evtl. sogar zurückdrängen oder übertönen.

Es ist ferner festzustellen, daß in statistischer, funktionaler, aber auch gesellschaftlich-idealistischer Sicht Normalität[7] vorliegen kann, ohne daß das psychische System als solches gesund ist oder sein muß. Es wird daran deutlich, wie wenig Nutzen die üblichen Normalitätsbegriffe der Medizin und Sozialwissenschaften bringen. In Anlehnung an die bisherigen Ausführungen muß folglich das Ziel der Entwicklung darin liegen, die vorhandenen Komponentenanlagen so vollständig wie möglich zu entfalten und in möglichst reife und angemessene Formen zu überführen. Diesem Ziel müssen sich alle pädagogischen Maßnahmen unterordnen. Es geht also darum, die Anlagen einerseits quantitativ voll auszubilden, und sie

[7] vgl. Waszkewitz: Fortschritte und Novitäten, Datei 01 S. 254ff, Stuttgart 2002

- soweit vorkommend - aus atavistischen, gehemmten oder infantilen Stadien herauszuführen.

Die Entwicklungsumwelt

Wesentlich erscheint daher die optimale Umwelt, besser noch die individuell optimale Umwelt, die den jeweiligen Anlagen entspricht. Da man dem Neugeborenen seine Anlagen aber nicht ansehen kann, kann man diese optimale Umwelt nicht von Anfang an bereitstellen. Zugleich folgt aus diesen Überlegungen, daß es keine generell optimale Umwelt gibt, sondern nur eine solche, die auf die individuellen Anlagen abgestimmt ist. Diese aber lassen sich erst bei sorgfältiger Beobachtung und entsprechender Sensibilität der Beobachter im Zuge der Auseinandersetzung des einzelnen Kindes mit den Gegebenheiten seiner Umwelt „erahnen". Das ist also eine der wesentlichen Aufgaben des Entfaltungshelfers, der nach Alice Miller[8] an die Stelle des Erziehers treten muß. So lassen sich dann nur Hinweise liefern, wie die optimale Entwicklungsumwelt für die verschiedenen Komponenten aussehen müßte. Berücksichtigen muß man dabei allerdings die jeweilige Anlagekapazität, denn überspannt man sie, kommt es zu einer Überforderung, die zwangsläufig zu Regressionen führen muß. Nützt man die vorhandene Anlagekapazität nicht, unterfordert man das Kind, werden seine Anlagen nicht ausgebildet bzw. verbleiben große atavistische, gehemmte bzw. infantile Reste.

Für die sigmatischen Komponenten bedeutet dieses, daß für *nul* eine Umwelt mit lebensnahen, lebendigen, praktischen, organischen und biologischen Anregungen – nicht utopistischen oder idealisierten - erforderlich ist. Die Dimension *gei* verlangt demgegenüber geistige, ideelle, gedankliche und philosophische Impulse. Soziale, pflegerische, erhaltende und schützende Inhalte tragen zur Entwicklung in *men,* führende, gestaltende, politische und bewältigende in *maf* bei. Die Dimension *fos* sollte Anregungen in for-

---

[8] vgl. A. Miller: Am Anfang war Erziehung, Frankfurt 1980

maler, ordnungsgebender, strukturierender und organisatorischer Hinsicht erhalten, während für *wek* ästhetische, auf Qualität und Qualitäten gerichtete, an Güte und Formniveau ausgerichtete Anregungen, darunter auch klassisch-musische nötig sind. Die angemessene Ausbildung in *bog* kann unter Verwendung von nicht zu starren Traditionen, vertrauensbildenden Maßnahmen unter Betonung des Bekannten und Sicherheit vermittelnden Gedankengutes erfolgen, während die der Dimension *fot* progressive, Entwicklung und Fortschritt, Neues und Neuartiges vermittelnde Inhalte ebenso benötigt, wie die Begegnung mit Fremdem, mit Unbekanntem und mit der Ferne. Eine angemessene Entfaltung der Komponente *wel* verlangt die Vermittlung von ethischen Normen, allgemeinen - auch fremden - Wertvorstellungen, wobei jede Enge, Orthodoxie und einseitige ideologische Ausrichtung vermieden werden muß. Ebenso ist für die angepaßte Ausbildung von *pub* wichtig, daß ein Abgleiten in Äußerlichkeiten vermieden wird, wenn in der Jugend die nötigen gesellschaftlichen Anregungen an den jungen Menschen herangetragen werden. Er muß in dieser Hinsicht Erfahrungen im Umgang mit Gesellschaft und Öffentlichkeit sammeln, ohne einer zu großen Außenlenkung zu verfallen. Besonders schwierig scheint eine angemessene Ausbildung in *ige,* denn hier geht es um psychologische Sachverhalte, die dem Verständnis der eigenen Regungen und Möglichkeiten, aber auch dem Verständnis anderer Menschen dienen müssen. Das wird zusätzlich durch die heute üblichen, für das breite Publikum verfaßten Schriften auf diesem Gebiete erschwert. In gewisser Weise gilt das auch für die zur Ausbildung in *kus* erforderlichen kulturellen und historischen Anregungen, ganz besonders aber für die Vermittlung der Sprache. Hier wird zu leicht dem allgemeinen Kommunikationsrummel verfallen und das Kind nicht von vornherein mit den Qualitäten der Hochsprache vertraut gemacht.

Für die Komponenten des syntaktischen Aspekts der Individualinstanz ist eine Förderung durch Forderung der einzig gangbare Weg, wenn das erforderliche Potential ausgebildet werden soll. Überforderungen machen sich nicht hier, sondern mehr im semantischen und pragmatischen Aspekt bemerkbar, können also hier übersehen werden, wenn die nötige Sensibilität des Förderers fehlt. Im allgemeinen kann man aber feststellen, daß die meisten Menschen ihre Anlagen nicht nutzen, nicht ausgebildet haben, was sich später kaum noch nachholen läßt. Für *we* müssen Möglichkeiten zur Entscheidungsbildung geschaffen werden, natürlich so, daß auf der Grundlage dieser Entscheidungen folgende Handlungen das Kind nicht gefährden. Es sollte angeregt werden, Urteile herauszubilden und auch umzusetzen. Zur besseren Ausbildung von *wm* muß das Kind schon früh an Umstellungen und Veränderungen und an eine gewisse, sich langsam steigernde Reizvielfalt herangeführt werden. Das Reagieren auf Mehrfachreize sollte ständig geübt werden, ebenso wie für die Ausprägung von *wk* Anregungen (nicht Ermahnungen) zur Sorgfalt und Genauigkeit des Arbeitens im Zuge kindlicher Spielhandlungen wichtig sind. Eine Unterstützung beim Zuendeführen von Tätigkeiten erscheint wesentlich. Für die Aktivierung des *dk*-Potentials braucht man Anregungen, eigene Unterscheidungen vorzunehmen. Mit Hilfe von Spielzeug und Spielsituationen führt man das Kind an strikte Unterscheidung von Wesentlichem und Unwesentlichem heran. Form- und Formlegespiele, bei denen es auf die Figur- Grundtrennung ankommt, können dazu wesentliche Hilfe leisten. Im Falle der Förderung von *dp* muß man die Phantasie des Kindes spielen lassen, aber auch Eindrücke bieten, ohne mit solchen das Kind zu überschwemmen. Kombinationsspiele, Konstruktionsspielzeug, vom einfachen Klötzchenbaukasten bis zu hochtechnischen Formen, aber auch Puzzles unterstützen die Entwicklung in *de,* während Steck- und Zusammensetzspiele wie Schätzübungen hinsichtlich Längen und Distanzen bei der Ausbildung von *vl* helfen können. Für *vp* kommen ähnliche Maßnahmen wie für de und vl infrage. Eine Ausbildung von *vk* kann im allgemeinen erst mit Einsetzen der Jugendkrise erfolgen, wobei man dann Aufgaben der darstellenden Geometrie bei Minimierung der Anschauungsmittel einsetzen sollte. Fingerübungen, Feinsteck- und

Bastelspiele ebenso wie Modellbau helfen bei der Entwicklung von *ff*, Greifspiele und die Arbeit mit Werkzeugen bei der von *fh*. Für die Entfaltung von *fk* erscheinen Bewegungs- und Ballspiele, aber auch Balancierübungen geeignet.

Eine differenzierte und stabile emotionale Umwelt, die Sicherheit und ursprüngliche Wärme und Geborgenheit vermittelt, dabei keineswegs passiv ist, hilft zu einer angemessen Entfaltung der Komponente *z*. Für die Komponente *s* bedarf es besonders ab Ende des dritten Lebensjahres einer geordneten und vernünftigen Reaktionsweise der Bezugspersonen, wobei jede Starre vermieden werden muß, möglichst nicht irrational reagiert werden darf. In unserer außengelenkten Gesellschaft wird Kontakt, wird Gruppenverhalten betont, wodurch dann oft jede Distanz verlorengeht und Abhängigkeit entsteht. Gerade auf die Möglichkeit der Distanzierung für das Kind ist zu achten, damit es zu einer echten Innenwendung kommen kann. Die Ausbildung eines reifen *j* verlangt Zeiten und Räumlichkeiten zur Alleinbeschäftigung, erfordert einen eigenen Lebensraum für das Kind, in den es sich zurückziehen kann, der, soweit wie möglich, vom Erwachsenen nicht unaufgefordert betreten wird. Natürlich muß auch die Extraversion *e* reifen, muß dem Kinde die Möglichkeit geboten werden, der Welt zu begegnen, sich ihr zuzuwenden, doch darf das keineswegs dazu führen, daß diese Zuwendung zur Welt hochgespielt oder gar erzwungen wird. Damit es zu einer angemessenen Ausbildung in r kommt, ist es erforderlich, daß in der Umwelt des Kindes jeder seinen Standpunkt behaupten kann, ohne starr zu werden. Prinzipien dürfen nicht gelten. Wesentlich ist, daß auch das Kind seinen Standpunkt und seine Meinung haben darf. Für die sachgerechte Entwicklung in *k* müssen die Eigenimpulse des Kindes gefördert, aber nicht erzwungen werden. Ungestüme, überheftige und hitzige Reaktionen müssen Konsequenzen haben, die niemals in Liebesentzug bestehen dürfen. Hautnähe, mütterliche Hingabe und Sorge sind Voraussetzung, Zuwendung und Zärtlichkeit wesentlich, wenn es um eine sachgerechte Entfaltung von *p* geht. Allerdings gilt das nur solange, wie das Kind diese sucht und möchte. Der Förderer darf damit niemals das Unabhängigkeitsstreben des Kindes unterdrücken. Aufkommende Aggressionen *s* werden über konstruktive Spiele und dazu geeignetes Spielmaterial zur Reife entwickelt. Dabei auftretende Aggressivitäten und Zerstörungstendenzen müssen mit Hilfe kindgerechter Konsequenzen aufgefangen und umgeformt werden. Ernst und besonnenes Abwägen, und das auch vor dem Kinde, sollten die Umweltsituation kennzeichnen, damit *d* sachgerecht reifen kann. Zugleich bilden Heiterkeit sowie eine frohe Stimmung, Selbstvertrauen und Optimismus ohne Leichtfertigkeit jene Atmosphäre, in der sich *m* angemessen ausbilden kann. Tollkühne Unternehmungen des Kindes müssen wiederum entsprechende Konsequenzen haben, wobei naturgemäß darauf zu achten ist, daß keine wirkliche Gefährdung des Kindes eintritt. Zu einer angemessenen Ausbildung der Größe *h* - während der Jugendkrise - bedarf es einer verstehenden Umwelt mit echten menschlichen Bezügen und Bindungen ohne irreale Romantik und aufgesetzte Sensibilität, in die der Jugendliche voll integriert wird, ohne daß er sich bedrängt oder hineingezwungen fühlt. Ebenso muß der Jugendliche erfahren, daß man Gefühle äußern kann und muß, daß man bestehende Bindungen auch lösen kann, daß hierzu aber auch Konsequenzen gehören, mit denen man leben muß. Nur dann wird er auch in der Komponente *v* reife Formen herausbilden.

Auch und gerade die Bedürfnisse verlangen eine sorgfältige Förderung, damit eine dem Erwachsenendasein entsprechende Einstellung zu den unterschiedlichen Lebenssituationen gewonnen werden kann, was leider vielfach nicht der Fall ist. Dazu gehört, soweit es *l* angeht, eine natürliche Bewertung des Sinnlichen und des Alltäglichen, des Natürlichen und der menschlichen Natur. Genuß und Genießen dürfen nicht verteufelt werden, aber auch nicht den Mittelpunkt des Strebens und Handelns der Umwelt einnehmen. Für *g* sind Freiräume für die kindliche Neugier zu schaffen, die Schritt für Schritt auf gedankliche und theoretische Durchdringung der Fragen zu lenken ist. Eine Förderung der kindlichen

Hilfsbereitschaft, Anerkennung des Sozialen - ohne einer Überbewertung zu verfallen - und Unterstützung des Kindes in der Pflege und Erhaltung des Vorhandenen dienen der Entwicklung von *c*. Zugleich ist zur Entfaltung von *b* eine Einführung in die Eigengesetzlichkeit der Phänomene notwendig. Bau- und Konstruktionsspiele sind hierbei wichtig, aber auch Rollenspiele, bei denen das Kind immer wieder sich in Führungsrollen erproben sollte. Bei infantilen Zerstörungen und Machtmißbräuchen müssen kindgerechte Konsequenzen folgen. Um *o* auszubilden bedarf es klarer Regeln und Ordnungen, mit denen das Kind vertraut gemacht werden muß, mit denen es gewissermaßen aufwachsen sollte, ohne daß diese Ordnungen starr und prinzipienhaft gehandhabt werden. Im weiteren Verlaufe der Entwicklung muß das Kind formale Strukturen und deren Handhabung erlernen. Dabei darf nicht vergessen werden, über das Formale hinaus ein Gefühl für Qualität und Qualitäten und deren Besonderheiten zu wecken, um auch *q* reifen zu lassen. Hierbei eignen sich musische Inhalte und Betätigungen besonders, wobei aber die kindlichen Vorstellungen nicht mißachtet oder unterdrückt werden dürfen. Die Komponente *n* verlangt zu ihrer angemessenen Entwicklung den Schutz und die Respektierung des Eigentums des Kindes, aber auch die Vermittlung ökonomischer Sachverhalte durch Vorleben im eigenen Hause und die Sicherung der Vertrautheit und Sicherheit des näheren Umfeldes und des Üblichen. Anregungen, sich mit Fremdem zu beschäftigen, Wecken des Interesses für das Ferne und die Ferne in räumlicher wie zeitlicher Hinsicht dienen der angemessenen Entfaltung von *f*. Das Neue muß ansprechen, ohne daß es überbewertet bzw. kritiklos angenommen wird. Natürlich gehört dazu - besonders mit Beginn der Jugendkrise - die Vermittlung von Wertvorstellungen grundlegender Art, aber ohne partei- und glaubensideologische Akzentuierung. Vorsichtig müssen allzu kindliche bzw. jugendliche Wertmaßstäbe korrigiert werden. Vorleben ist hierbei für die Entfaltung von *t* besonders wichtig. Das gilt auch für die von *w*, bei der es um die Beziehungen zur Öffentlichkeit und Gesellschaft, zur Welt an sich geht. Gerade in unserer außengelenkten Gesellschaft ist es dabei wichtig, die Welt nicht übergewichtig werden zu lassen, persönliche Ansprüchigkeit und reines Prestigedenken zu überwinden. Das gilt insbesondere für die Förderer selbst. Vorleben spielt auch für die Entwicklung der Komponente *x* eine wesentliche Rolle, wobei entscheidend das Beispiel einer Partnerschaft von Individuen mit entsprechendem, aber nicht mißbrauchten Freiheitsspielraum für persönliche Entwicklung und Gestaltung ist. Die Pflege einer einwandfreien und differenzierten Hochsprache und - wo möglich - auch von Fremdsprachen in Wort und Schrift sowie Anregungen in kultureller und historischer Hinsicht ohne Zwänge ist Voraussetzung für eine angemessene Entfaltung von *u*.

Wie schon angedeutet, können sich diese Hinweise nur auf allgemeine Tatbestände beziehen. Man muß sie, um sie nutzen zu können, auf die jeweiligen Umstände und Eigenarten des Kindes abstimmen. Man muß sich stets vor Augen halten, daß die Anlagen bei den Menschen sehr verschieden verteilt sind. Man kann daher keine Rezepte geben, ja nicht einmal für jede Entwicklungsphase typische Merkmale und Eigenarten bestimmen. Das scheinen viele Darstellungen der Entwicklungs- und Erziehungswissenschaft zu übersehen. Man muß aber Realitäten beachten, sich und die Kinder von ideologischen und fundamentalistischen Einflüssen fernhalten.

Jeder Förderer muß sich demnach auch mit der Frage auseinandersetzen, welche Einflüsse eine Überführung der Komponenten in reife und vorhandene Potentiale ausschöpfende Formen be- bzw. verhindern können. Bei der nachfolgenden Aufstellung der behindernden Faktoren, wie sie sich aus dem Modell ergeben, müssen wir jeweils zwischen schwachen und starken Anlagepotentialen unterscheiden, wobei folgender Code verwendet werden soll:

[βy] Verhältnisse, die bei schwach angelegten Komponenten die Ausbildung reifer und angemessener Formen behindern und ein Verbleiben in infantilen (β) Formen fördern.

β Verhältnisse, die bei stark angelegten Komponenten die Ausbildung reifer und angemessener Formen behindern und ein Verbleiben in infantilen (β)Formen fördern.

δy Verhältnisse, die geeignet sind, die Komponenten im Stadium der Gehemmtheit,(δ)- Formen, zu halten.

γy Verhältnisse die geeignet sind, Komponenten im atavistischen Stadium, (γ)-Formen, zu halten.

Dann folgt:

[βz]	Initiative ablehnende, wenig Spielraum gebende Umwelten .
βz	undifferenzierte, von Momentaneindrücken beherrschte Umwelt
δz	Isolierung in affektiver und emotionaler Hinsicht
γz	steuerlose, eruptive, irrationale Umwelt
[βs]	primitive, unvernünftige Umwelt
βs	strenge, formalistische, starr geregelte Umwelt
δs	chaotische, regellose, verwahrloste Umwelt
γs	traumhafte, verwirrte, irreale Umwelt
[βj]	Nichtbeachtung des kindlichen Lebensraumes
βj	Fernhalten der Umwelt, keine Öffnung in und zur Umwelt
δj	dem Kinde bleibt keine Ruhe für sich, es muß jeden dulden
γj	Aufrechterhaltung des Magischen und Unheimlichen, ständig auf der Fluchtsein als Umweltlinie
[βe]	einschüchternde Umwelt
βe	jeder drängt sich in die Kontakte des Kindes, Gruppenbeziehungen werden hochgespielt
δe	fehlendes Echo der Umwelt auf Zuwendungsreaktionen des Kindes; dem Kind wird keine Möglichkeit gegeben, sich in der Umwelt und auf sie zu zu bewegen
γe	Pose, Darstellung und narzißtische Demonstration werden gefördert und belohnt, Umweltzuwendungen nicht ermöglicht
[βr]	Kinder erhalten keine Möglichkeiten, zur Ruhe zu kommen, es ist nichts vorhanden, um Be- und Festhalten zu lernen und zu erproben
βr	Abgeben wird bestraft, es herrschen starre Grundsätze und Prinzipien als Leitlinie
δr	der Trotz wird gebrochen, im ersten Aufkommen gehindert, Liebe

	nur bei Reinlichkeit, das Kind kann sich nur behaupten, indem es von seinen Dingen abgibt und Geschätztes aufgibt.
γr	Kind kann sich nur im Stupor und mit negativistischen Reaktionen behaupten und zum Wohlbefinden kommen
[βk]	Impulse des Kindes sind unerwünscht und werden nicht erlaubt, es fehlen jegliche Anregungen, etwas zu unternehmen
βk	unstete, ungestüme, hitzige und heftige Umwelt voller Unruhe
δk	orale Mangelerlebnisse, frustrierende Behinderungen im Probierstadium
γk	Bewegungssturm aus der Probierphase wird nicht gelenkt und gerichtet, wird künstlich aufrechterhalten
[βp]	Kind erfährt keine Zuwendung, Zuneigung und Zärtlichkeit
βp	Unabhängigkeits- und Eigenregungen des Kindes werden nicht gestattet und mit Überfürsorge unterdrückt
δp	Zärtlichkeits- und Nähebedürfnisse, auch solche der Hautnähe, werden nicht erfüllt, nur Leistung wird anerkannt und bringt Liebe und Zuneigung; Weglauftendenzen der Förderer, insbesondere der Mutter
γp	Nachgiebigkeit als Lebensprinzip der Umwelt, Kind wird in seiner Beeinflußbarkeit gehalten
[βa]	Selbständigkeit und Selbstdurchsetzung werden nicht geduldet
βa	es werden frühzeitig Feindbilder aufgebaut; dem Kinde wird ohne Rücksicht auf Menschen und Dingen freier Lauf gelassen, Aggressivitäten werden gefördert
δa	Behinderungen in der Phase der Sprachentwicklung, fehlende Spiel und Konstruktionsmöglichkeiten, Unterbindung der Eigenaktivität
γa	Aggressivitäten gegen sich selbst werden erhalten und nicht in die Umwelt abgeleitet
[βd]	Umwelt ohne Ernst und Besonnenheit sowie Besinnlichkeit
βd	Ängstlichkeit und Übervorsicht beherrschen die Umwelt
δd	kindliche Vorsicht und Ängste werden verlacht, allgemeines nachlässiges und unbeteiligtes Gewährenlassen
γd	stimmungsleere, depressive, herabdrückende Umwelt, die Isolation in Angst und Ängsten beim Kinde erhält

[βm]	das Kind wird abgewertet, es kommt nicht zum Zuge, findet keine Möglichkeiten zur Selbstbestätigung
βm	Tollkühnheit und Risikovernachlässigung ohne Rücksicht auf die Realitäten beherrschen die Umwelt
δm	Überängstlichkeit der Umgebung, völlige Einengung des kindlichen Handlungsspielraumes, allgemein frustrierende Umgebung
γm	realitätsmißachtender Leichtsinn und Optimismus mit hektischen und manischen Zügen hält das Kind in diesem Zustande
[βh]	Vernachlässigung von Bindungen, unterkühlte Atmosphäre
βh	von Subjektivität und realitätsfremder Romantik beherrschte Umwelt; einmal bestehende Bindungen werden verherrlicht und dürfen niemals gelöst werden
δh	bindungs- und gefühlsfeindliche Umwelt ohne innere Gemeinschafts- und Gefühlsbindungen, Gefühle und Bindungen werden verlacht und abgewertet
γh	es findet keine Herauslösung aus Bindungen an sich statt, Ichhaftigkeit und Egozentrizität werden erhalten und gefördert
[βv]	Lösen sozialer Bindungen wird nicht zugelassen, Gefühlsäußerungen werden abgewehrt
βv	Gefühlsäußerungen und soziale Reaktionen werden nicht mit der Realität konfrontiert, sie werden durch realitätsfremde Schwärmereien fehlgelenkt und übersteigert
δv	Unterdrückung aller lebhaften Gefühlsregungen und - äußerungen, Gefühle dürfen niemals gezeigt werden
γv	ekstatische Gefühlsausbrüche und -regungen werden am Leben erhalten und gefördert, ebenso gefühlsmäßige Unstetheit
[βl]	Genuß und Alltägliches sowie Kreatürliches und Natürliches werden vom Kinde ferngehalten
βl	Genuß und Alltäglichkeiten sowie Kreatürliches werden überbewertet
δl	körperliche und physische Genußwünsche sowie praktische Betätigung – besonders im Umgang mit dem eigenen Körper - werden unterdrückt und zur Unzeit manipuliert
γl	Genuß als Lebensprinzip der Umwelt, Abhängigkeit von unmittelba-

	rem Lustgewinn und Genuß bleiben erhalten
[βg]	Neugier des Kindes wird nicht beachtet und erhält keinerlei Nahrung
βg	Wissen und Kenntnisse werden überbewertet, falsche Neugier wird gefördert und belohnt
δg	Wissensdrang und Neugier werden in frühester Kindheit abgewürgt
γg	ursprüngliche Neugier wird nicht auf Realität gelenkt, ins Spekulative und Esoterische umgelenkt
[βc]	soziale Regungen und Hilfeleistungen von Seiten des Kindes werden abgewehrt
βc	soziale Utopismen und Schwärmereien beherrschen die Umwelt des Kindes
δc	jegliche Hilfeleistungen des Kindes und entsprechende Versuche werden abgewürgt, verlacht, als lästig empfunden und abgetan
γc	erste soziale Regungen und Hilfeleistungen des Kindes werden "benutzt", das Kind in Anpassungszwängen erstickt und zur Betreuung "verpflichtet"
[βb]	Das Kind muß alles hinnehmen, darf sich nicht wehren
βb	Eigengesetzlichkeiten von Menschen und Dingen gelten nicht, werden abgewertet, Verherrlichung von Macht und Gewalt
δb	kindliches Spielbedürfnis wird unterdrückt, ständig haben Erwachsene ihre Finger im kindlichen Spiel; kindliche Führungs- und Bewältigungsversuche werden lächerlich gemacht und unterdrückt
γb	Zerstörungstendenzen werden nicht umgelenkt, dem Kind geht es nur wohl, wenn es seine Umwelt beherrscht und unterdrückt
[βo]	es fehlen Ordnungen und Regeln in der Umwelt
βo	übersteigerte und verabsolutierte Ordnungen herrschen vor, Ordnungs- und "Reinigungsteufel" beherrschen die Umwelt
δo	kindliche Ordnungsformen und die Suche nach Regeln werden lächerlich gemacht und /oder durch Ordnungsformen der Erwachsenen unterdrückt
γo	erste realitätsfremde Ordnungsformen des Kindes werden fixiert, nicht konfrontiert, hierbei entstehende Ordnungszwänge nicht aufgelockert
	[βq] Nutzeffekte sind einziger Wertmaßstab der Umwelt

βq	Nutzeffekte werden prinzipiell abgelehnt, nur Qualitäts- und Gütekriterien nutzfremder Art anerkannt, vor allem reine Wirkungs- und Effektmomente
δq	künstlerische und gestalterische Ansätze des Kindes werden ständig korrigiert oder lächerlich gemacht, alles Schöne, alle Effekte werden verteufelt
γq	verschrobene Qualitätenansätze des Kindes werden gestützt und überbewertet, kindliche Gestaltung wird nicht mit der Realität konfrontiert
[βn]	Besitz und Bestehendes werden in der Umwelt abgelehnt bzw. geringschätzig behandelt
βn	Besitz, Vergangenheit und sture Gewohnheiten beherrschen die Umwelt
δn	alles Selbstgeschaffene des Kindes wird von anderen immer wieder zerstört, die Umwelt läßt dem Kind keine Zeit, sich umzustellen, Ungeduldshaltung der Erwachsenen, das Heim bzw. die Heimat werden im Kindesalter ständig gewechselt
γn	es herrscht ein ausgesprochener Gewohnheitszwang, überlieferte Prinzipien können nicht durchbrochen werden, das Kind lernt nicht, mit Veränderungen zu leben
[βf]	Alles Neue und Fremde wird von der Umwelt abgelehnt und abgewehrt
βf	nur Neues und Neuartiges, nur Fremdes und Fernliegendes finden in der Umwelt Anerkennung
δf	Entdeckungswünsche und deren Verwirklichungsversuche werden streng bestraft, es wird Angst vor dem Versagen gegenüber Neuem geweckt, alles Fremde und Fremdartige wird abgewertet und verteufelt, jegliche Träumereien werden unterdrückt
γf	Fortschritt und Neuartigkeit um jeden Preis beherrschen die Umwelt, Utopien werden nicht an Realitäten überprüft
[βt]	Die Umwelt erkennt keine Werte an, nimmt niemals Stellung und bleibt unter allen Umständen neutral
βt	es gelten in der Umwelt nur bestimmte Werte, die unbedingt geachtet und vertreten werden müssen, die für jede kritische Analyse für

	jegliches Hinterfragen tabu sind, weltanschaulich orthodoxe und fanatische Umwelt
δt	eigene Werturteile und Welterklärungen des Jugendlichen werden unterdrückt, Werturteile, die von denen der Umwelt abweichen, werden bestraft und/oder lächerlich gemacht.
γt	ideologische Ansätze in der Jugendkrise werden nicht mit der Realität konfrontiert, ideologische Fixierungen und Überspanntheiten werden bestärkt
[βw]	andere und deren Meinung sowie Gesellschaft, Welt und Öffentlichkeit werden von der Umwelt abgelehnt und abgewertet
βw	Äußerlichkeiten und öffentliche Anerkennung sind für die Umwelt allein maßgebend, die Prestige- und Statusideen des Jugendlichen werden nicht mit realen Gegebenheiten konfrontiert
δw	Beachtungs- und Geltungswünsche sowie Weltoffenheit des Jugendlichen werden rigoros unterdrückt bzw. der Lächerlichkeit preisgegeben, es wird dem Jugendlichen keine Möglichkeit gegeben, eine Rolle in der Umwelt zu finden und zu spielen
γw	alles Handeln wird auf Darstellung, Gewinnen von Beachtung und Prestige angelegt und abgestellt, nur Geltung gegenüber anderen gilt
[βx]	jedes Streben nach Eigenständigkeit wird unterdrückt, Individualität und Individuelles werden von der Umwelt abgelehnt und verworfen
βx	Selbstverwirklichung unter Mißachtung der Gemeinschafts- und Menschenwürde sowie der entsprechenden Rechte der anderen steht im Mittelpunkt der Wertskala und des Handelns der Umwelt, entsprechende Regungen des Jugendlichen werden nicht mit der Realität einer wirklichen Gemeinschaft konfrontiert
δx	Der Jugendliche wird aus der Gemeinschaft der Erwachsenen herausgehalten, er findet keine Möglichkeit, in ihr einen annehmbaren individuellen Platz zu erhalten, alle Eigenregungen werden erstickt
γx	Ichhaftigkeiten, Ichbetonungen, individualistische Übertreibungen in der Jugendkrise werden nicht mit der Realität konfrontiert, evtl. sogar in ihrer Wirklichkeitsfremdheit gefördert
[βu]	Kultur und Kulturelles werden abgelehnt und als nutzloses und unnützes Gehabe abgewertet

βu	Kulturfanatismus und Antifunktionalismus beherrschen die Umwelt des Jugendlichen, seine eigenen Tendenzen in dieser Richtung werden nicht mit den Belangen menschlichen Überlebens konfrontiert
δu	kulturelle Gestaltungsansätze und Interessen des Jugendlichen werden unterdrückt, ständig korrigiert und verhöhnt
γu	idealistische und "hehre", oft prinzipienartige kulturelle Tendenzen des Jugendlichen finden keine Korrektur, werden von der Umwelt vielmehr gestützt und verherrlicht.

Man erkennt aus dieser Übersicht, wie vielfältig die Klippen sind, die im Rahmen der Entwicklungsförderung ein wirkliches Reif- und Erwachsenwerden des jungen Menschen verhindern können. Am meisten gefährdet sind junge Menschen naturgemäß während der Kindheits- und Jugendkrise, ohne daß man ganz genaue Altersstufen angeben könnte, da hier größere individuelle Unterschiede bestehen. Daher läßt sich auch kein Rezept für das Vorgehen und Verhalten der Förderer anbieten. Sie können nur versuchen, Gefahren - wie sie oben dargestellt wurden - zu vermeiden.

Da der Umwelt und dem Verhalten des Menschen in dieser Umwelt eine so große Bedeutung für die Entwicklung des Menschen zukommen, besteht auch die Möglichkeit, dann Einfluß zu nehmen, wenn Konflikte und Probleme auftauchen, worauf wir später eingehen werden. Hier wollen wir einmal einen Blick auf die Wirkungen zweier verschiedener Umwelten auf das Verhalten eines 20jährigen[9] werfen. Bei bestehender und bekannter Persönlichkeitsstruktur zeigen sich deutliche Unterschiede im Verhaltensbild, je nachdem, wie die Umwelt aussieht:

Code/Bereich	Verhalten in Privatumwelt	Verhalten in Zwangsumwelt
INV Allgemeinerscheinung	beherrscht	beherrscht
Vn Gesamtstruktur	geordnet	geordnet
Vng Stabilität der Struktur	gefestigt	schwankend
Egv Eigenverhalten	diszipliniert	gelöst
Mnv Sozialverhalten	diszipliniert	beherrscht

[9] vgl. Waszkewitz: Pädagogischer Wegweiser a. a. O. S. 119ff

Wtv Aufgabenverhalten	gelöst	beherrscht
Sbv Selbstbehauptungsverhalten	nüchtern	überlegend
Pv Emotionsverhalten	naturnahe	eruptiv
Rv Steuerungsmodul	theoretisierend	gespannt
Avv :Autonomiestreben	sachlich	ausgeglichen
Lev: Lebenseinstellung	kritisch	aufgeschlossen
en: Reaktionsweise	ungehemmt	naiv
vi:vitale Interessen	unmittelbare	lebensbezogene
no: Haltung	gespannt	starr
th: Bestrebungen	theoretische	gliedernde
Säv Selbstäußerungsverhalten	ausgeglichen	natürlich
Uv: Handlungsweise	forciert	forciert
Üv: Begrenzung	verfestigt	streng
Uvv: Reaktionstemperament	ichzentriert	anregbar
Sov: Welteinstellung	wertunabhängig	frei
eo: Umweltzuwendung	unlebendig	darstellerisch
dv: Umweltbezug	Geltungsdrang	Anerkennungssuche
jn: Haltung zur Umwelt	innengelenkt	isoliert
rl: ideologische Ausrichtung	klar	einseitig
Gev: soziale Einstellung	verständig	verständig
Kv: Ansprechbarkeit	aufgeschlossen	veräußerlicht
Bv: Beziehungsstil	engagiert	romantisch
Bvv: Bindungsform	verankert	aufgeschlossen
Sgv: menschliche Neigungen	neutral	unabhängig
ve: gefühlsmäßige Äußerung	reagibel	leicht
mt: soziale Interessen	Orientierung am Vergangenen	Zweckorientierung
hu: Bindungen	engagiert	seicht
ca: Verankerungen	Verbundenheitsgefühle	Abgrenzungsstreben
Gbv: Soziale Auseinandersetzung	fortführende	ausführende
Gv: Gestaltungsstil	verändernd	regierende
Sv: Hingabestil	verstehend	wenig interessiert
Gvv: Beziehungsgestaltung	unsachlich	tonangebend
Gve: Beziehungsziele	Anpassung	Eroberung

ak: Reaktionsweise	ausführend	bestimmend
po: Reaktionsmotive	folgsam	streberhaft
pa: Reaktionshaltung	anpassungsfähig	wechselhaft
so: Haltungsmotive	Sozialverständnis	Bindungsfreiheit
Wev: Eindruckserfassung	einteilend	einteilend
Ev: Lebensauffassung	ungezwungen	abartig
Ov: Eindrucksverarbeitung	besonnen	katalogisierend
Svv: Situationshaltung	vorsichtig	unbestimmt
Wav: Wahrnehmungsweise	ausgeglichen	ausgewogen
sa: Selbstgefühl	sicher	unkritisch
ae: Qualitätsauffassung	gütebezogen	vorstellungsbestimmt
me: Grundstimmung	besinnlich	unfrei
bu: Ordnungssuche	gliedernd	gleichförmig
Wbv: allg. Handlungsstil	emsig	emsig
Fv: Zukunftsbezug	Erlebnisdrang	Zukunftsorientierung
Tv: Traditionsbezug	Verfestigung	Verfestigung
Evv: Arbeitsstil	rege	lebhaft
Orv: Handlungsausrichtung	erhaltend	bewahrend
ka: Unternehmungsstil	anregbar	ungleichmäßig
pr: Unternehmungsziele	Gegenwärtiges	Veränderungen
re: Eigenbehauptungsstil	elastisch	sperrend
oe: Eigenbehauptungseinstellung	beharrend	verwurzelt
IT: Denkniveau	gehoben	gehoben
WT: Willensniveau	überdurchschnittlich	durchschnittlich
et#un: Urteilsweise	selbständig	kooperativ
ad#fa: Lernweise	reagibel	anstellig
wg#ko: Denkweise	aufmerksam	variabel
VT: Vorstellungsniveau	durchschnittlich	überdurchschnittlich
FT: Fertigungsniveau	beträchtlich	mittel
au#fg: Feinarbeit	nicht unsicher	begrenzt
fs#hg: Handarbeit	unselbständig	reproduktiv
rv#bk: Ausführungsweise	recht sicher	nicht unsicher

Und man kann sich denken, daß bei einem weiteren Leben in der Zwangsumwelt sich die entsprechenden Verhaltensweisen verfestigen, auf jeden Fall die weitere Integration und Ausbildung beeinträchtigen werden. Doch wenden wir uns nun der Umwelt, vor allem der sozialen Umwelt zu.

Gesellschaften

Der Mensch als soziales Wesen

Man trifft selten auf einen einzelnen Menschen – schon gar nicht als Fremder -, sondern stets auf eine Mehrzahl dieser Gattung oder einen Vertreter dieser Mehrzahl. Man stellt dabei fest, daß - wie aufgrund der psychischen Individualinstanzstruktur zu erwarten - jeder Mensch die Beziehung zu anderen sucht, teils um besser überleben und seinen Feinden besser widerstehen zu können, teils um ***Mensch*** sein zu können. Insbesondere die Ausführungen der Verhaltenswissenschaften haben uns hier umfangreiche und tiefreichende Kenntnisse geliefert[10]. Selbst die Analyse der Verhaltenssteuerung und Informationsverarbeitung des Individuums zeigt, daß der Mensch von seiner Grundkonzeption her ein soziales Wesen ist. Dafür sprechen vor allem gewisse Bedürfniskomponenten, wie soziale (c), Bewältigungs- und Führungs- (b), Individuations- (x) und kulturelle (u) Bedürfnisse und damit die Systemdimensionen Kp, Bp, Gp und Sp. Demzufolge sind schon Kleinkinder und erst recht Jugendliche soziale Wesen, wenn auch nicht zu verkennen ist, daß hierbei starke individuelle Unterschiede bestehen.

Wenn der Mensch also ein soziales Wesen ist, müssen wir unabhängig von jeder Beobachtung davon ausgehen, daß er soziale Gebilde schafft und nach deren Schöpfung in ständiger Auseinandersetzung mit diesen sozialen Systemen leben muß. Er bestimmt und formt sie, wird aber auch von ihnen geformt und beeinflußt, denn es handelt sich hierbei ja um offene Informationsverarbeitungssysteme. Solche Zusammenschlüsse werden in der Wissenschaft als Gruppen bezeichnet. Betrachtet man sich diese näher, so stellt man fest, daß es mindestens zwei wesensverschiedene Gruppenarten gibt. Auf der einen Seite beobachtet man den unmittelba-

---

[10] [38]

ren und scheinbar wenig geordneten Zusammenschluß mehrerer Individuen zu einem Verbund. Auf der anderen Seite stehen - meistens größere - Vereinigungen mit festgelegten Ordnungen und Bestimmungsgrößen. In diese Vereinigungen wachsen immer wieder neue Mitglieder hinein, ohne daß eine wesentliche Veränderung stattzufinden scheint. Während bei der ersten Form das Verhalten der Gruppenmitglieder weitgehend von den Eigenarten der Beteiligten abzuhängen scheint und sich mit dem Wechsel von Mitgliedern oft sehr verändert, bleiben Ordnungen und Merkmale der zweiten Form relativ unabhängig von den Eigenarten der jeweiligen Mitglieder. Man spricht im ersten Falle von ***Klein***- oder ***Primärgruppen*** und bezeichnet die relativ mitgliederunabhängigen Formen als ***Sekundär***- oder ***Formalgruppen***. Bei großer Mitgliederzahl nennt man derartige Sekundärgruppen auch ***Gesellschaften***.

Die Beobachtung lehrt uns weiterhin, daß in den meisten Sekundärgruppen verschiedene Primärgruppen bestehen, die untereinander in Beziehung stehen und zwischen denen sich Relationen herausbilden. Dadurch entsteht eine eigene Primärstruktur innerhalb der Sekundärgruppe, bei der die Elemente nicht Individuen, sondern Primärgruppen sind. Hierbei spricht man von ***informellen Organisationen*** im Gegensatz zur formalen Organisation der Sekundärgruppe. Gesellschaften zerfallen in vielen Fällen in eine Mehrzahl von Sekundärgruppen. Das kann soweit gehen, daß die einzelnen Sekundärgruppen sehr unterschiedliche Vorstellungen vom Leben und von der Welt entwickeln. Ist das der Fall, so haben wir eine ***pluralistische Gesellschaft*** vor uns, während dort, wo derartige Unterschiede nicht bestehen, eine ***konforme Gesellschaft*** vorliegt.

Schließlich begegnet man, wie insbesondere Le Bon gezeigt hat[11] , bei größeren Mengen von Einzelwesen - bei Menschen wie Tieren - besonderen Reaktionsformen, die wir als ***psychische Massenreaktionen*** bezeichnen wollen. Diese Erscheinungen lassen sich

---

[11] [83]

speziell in lebensbedrohenden oder als solchen deklarierten Situationen beobachten und äußern sich dann in panikähnlichen Erscheinungen, die jeder vernünftigen Überlegung widersprechen.

Da alle diese Formen menschlichen Soziallebens ohne Individuen nicht existieren, ja nur durch die Individuen existent sind, können sie nur die Folge menschlichen Verhaltens bzw. menschlicher Informationsverarbeitung sein. Das schließt sicher nicht aus, daß hierbei Merkmale ausgebildet werden, die sich - zumindest in dieser Form - beim Individuum und in der Individualinstanz nicht finden. Dennoch müssen sie sich auf der Basis des Modells des IVS Mensch ableiten lassen, denn sie sind ja das Ergebnis einer Vermaschung von Individualsystemen. Dabei wird man davon auszugehen haben, daß das Wesentliche einer solchen Vermaschung syntaktische Dimensionen sind, weil es sich ja um die Verknüpfung von Teilsystemen handelt. Allerdings kann dabei nicht übersehen werden, daß es sich hier nicht um fähigkeitsähnliche Größen handeln dürfte, sondern gewissermaßen funktionale Dimensionen höherer Art anzunehmen sind.

Beschreibungsmodelle

Modellgruppen

Werden Informationssysteme miteinander verknüpft, so kann generell davon ausgegangen werden, daß verschiedene Möglichkeiten dazu bestehen und folglich auch unterschiedliche Systeme höherer Ordnung gebildet werden. Diese beeinflussen dann die ihnen zugrundeliegenden Teilsysteme. Das folgt direkt aus dem Satz von H. Anschütz: *„Wenn wir n Teilautomaten A_i haben, die durch ihre Algorithmen A_i definiert sind, so ist der Gesamtalgorithmus eines Systems, das aus der Zusammenschaltung dieser Teilsysteme entsteht, nicht nur von den Teilalgorithmen, sondern auch von der Zusammenschaltung abhängig."* [12] Damit ergibt sich für uns als erstes die Frage, von welchen Formen des Zusammenschaltens der Individualsysteme auszuge-

---

[12] [4] S. 106

hen ist. Hierbei ist einmal an eine Addition, zum anderen auch an eine Multiplikation zu denken. Wenden wir die Addition - im Komplexen - auf eine Vielzahl von Individualsystemen an, so erkennen wir, daß bei Phasengleichheit durch eine Addition, ein Aufschaukeln der Amplituden stattfindet. Da beim IVS Mensch im allgemeinen frühere Zustandsformen der Komponenten gleichartiger als reifere sind, werden sich diese und hier insbesondere die infantilen gewissermaßen aufschaukeln. Zudem scheint größere Gleichheit bei assimilierenden als bei integrierenden Formen zu bestehen. Das hätte dann zur Folge, daß im Falle einer solchen Addition infantile assimilierende Werte in den Vordergrund treten, etwa:

βz	Überschwenglichkeit
βe	hemmungslose Außenwendung, Pose, hysterische Formen
βk	Hitzigkeit, Ungestüm, Heftigkeit
βa	Aggressivität, Rücksichtslosigkeit
βm	Tollkühnheit, Leichtfertigkeit, manische Reaktionen
βv	Unruhe, Erregbarkeit, Unstetheit
βl	Genußsucht, Erlebnissucht, Triebhaftigkeit
βb	Zerstörungssucht, Macht- und Überwältigungsdrang
βq	Veräußerlichung, Effekthascherei
βf	Abenteuersucht, Progressionswahn, Abwechslungssucht
βw	Öffentlichkeitssucht, Prestigesucht
βu	Entindividualisierung, kultureller Sendungswahn

Das Ergebnis entspricht dem, was Le Bon in seiner Schrift *Psychologie der Massen* beschrieben hat.

Eine andere Form der Verknüpfung ist die Multiplikation, bei der, insbesondere im Komplexen, wesentliche Veränderungen für den Gesamtsystemalgorithmus folgen. Es entstehen gewissermaßen neuartige Qualitäten bzw. Dimensionen, was besonders deutlich wird, wenn man, was wegen der Besonderheit der Übergangsfunktionen nötig ist, schwingungstheoretische Überlegungen hinzuzieht. Bei der multiplikativen Überlagerung solcher Schwingungen bilden sich ganz neue Schwingungsfrequenzen heraus, was umgesetzt in eine qualitative Betrachtungsweise heißt, daß hierbei

neuartige Dimensionen entstehen. Damit erhebt sich die Frage, welche es sein können. Das Ergebnis zeigt die folgende Übersicht:
(α: reife, erwachsende, präzisierte; β: kindliche, infantile, hintergründige; δ: gehemmte, in sich rotierende, verdrängte; γ: atavistische, überschwemmende, wahnhafte Zustandsformen):

Elemente	***Aspekt***	***Komponenten***
Pw- Vitalsituation α- natürliche β- impulsive γ- triebhaft δ- leer	Sigmatik	ulw- lebenspraktische Inhalte *α- lebensnahe Inhalte* *β- lebensnaher Hintergrund* *γ- vitale Wahnvorstellungen* *δ- verdrängte Vitalinhalte*
	Semantik	lw- vitale Trends *α- Erlebnisnähe* *β- infantil-übersteigertes Tun* *γ- suchthafte* *δ- Erlebnisflucht*
	Syntaktik	vlw: Machtgradient
	Pragmatik	zw: Zyklothymie *α- unmittelbar* *β- überschwenglich* *γ- hyperkinetisch* *δ- impulslos*
Rw - Vernunftsituation α- gesetzlich β- schematisch-eng γ- unlebendig-formal δ- disziplinlos-wirr	Sigmatik	eiw- geistige Inhalte *α- gedanklich-wissenschaftl. Inhalte* *β- gedankliche Hintergründe* *γ- utopische Wahninhalte* *δ- geistige Verdrängungen*
	Semantik	gw- geistige Trends *α- erkenntnistheoretische* *β- spekulative, neugierige* *γ- paranoide* *δ- geistfremde, -feindliche*
	Syntaktik	dkw- Konformität
	Pragmatik	sw: Schizothymie *α- diszipliniert, überlegt* *β- schematisch, eingeengt* *γ- verwirrt, weltfremd* *δ- steuerlos, abhängig*

Uw- Umweltsituation α- berührungsintensiv β- ansehensintensiv γ- hysterisch δ- berührungsängstlich	Sigmatik	uiw: weltliche Inhalte *α- gesellschaftliche Lebensinhalte* *β- weltliche Hintergründe* *γ- weltliche Wahnideen* *δ- weltliche Verdrängungen*
	Semantik	ww- weltliche Trends *α- Öffentlichkeit, Weltlichkeit* *β- Prestige, Geltung* *γ- Beachtungssucht* *δ- Öffentlichkeitsangst*
	Syntaktik	ffw- Feinfühligkeit
	Pragmatik	ew- Extraversion *α- kontaktaktiv* *β- ansprüchig* *γ- narzißtisch* *δ- kontaktgehemmt*
Üw- Wertsituation α- wertgebunden β- wertfixiert γ- ideologisch, zwanghaft δ- neutralistisch	Sigmatik	elw – Ideologieinhalte *α- weltanschauliche Inhalte* *β- weltanschauliche Hintergründe* *γ- ideologische Wahnideen* *δ- ideologische Verdrängungen*
	Semantik	tw- taxonomische Trends *α- weltanschauliche Bindungen* *β- weltanschauliche Fixierungen* *γ- Ideologiewahn* *δ- neutralistische Gehemmtheit*
	Syntaktik	wew- Entscheidungskonformität
	Pragmatik	jw- Intraversion *α- reserviert* *β- isoliert* *γ- Flucht-, Totstellreflexe* *δ- zudringlich*
Kw- Kultursituation α- idealistisch β- schwärmerisch γ- ekstatisch δ- indolent	Sigmatik	usw- Kulturinhalte *α- kulturelle, sprachliche Inhalte* *β- kulturelle Hintergründe* *γ- verschrobene kulturelle Inhalte* *δ- kulturelle Verdrängungen*

	Semantik	uw- kulturelle Trends *α- kulturelle Betonung* *β- schöngeistige Ausrichtung* *γ- A-Funktionalismus* *δ- Kulturängste*
	Syntaktik	vpw- Klassenvielfalt
	Pragmatik	vw- Versatilität *α- agil, sprühend* *β- unruhig, unstet* *γ- ekstatisch* *δ- gehemmt, träge*
Bw- Beziehungssituation α- bindungsintensiv β- sentimental γ- schwülstig δ- gefühllos	Sigmatik	gew- Humaninhalte *α- menschliche Inhalte* *β- menschliche Hintergründe* *γ- Sendungswahnformen* *δ- humane Verdrängungen, Tabus*
	Semantik	xw- Individuationstrends *α- Selbstverwirklichungsbedürfnis* *β- Absonderungsbedürfnisse* *γ- Ichwahn* *δ- Ichzweifel*
	Syntaktik	dpw- Klassendurchlässigkeit
	Pragmatik	hw- Conjunktivität *α- gefühlstief* *β- romantisch* *γ- ichhafte Gefühle* *δ- bindungsgehemmt*
Gw- Gestaltungssituation α- aktiv, bestimmend β- beherrschend, γ- unterdrückend, δ- subaltern,	Sigmatik	afw- Machtinhalte *α- Führungs-, Gestaltungsinhalte* *β- Gestaltungshintergründe* *γ- Bewältigungswahnideen* *δ- Machtverdrängungen*
	Semantik	bw- Bewältigungstrends *α-Führungs-, Gestaltungsstreben* *β- Unterdrückungsstreben* *γ- Zerstörungssucht* *δ- Gestaltungsängste*
	Syntaktik	fhw- Codevielfalt

	Pragmatik	aw- Aktivität *α- angreifend, durchsetzend* *β- aggressiv-heftig* *γ- rücksichtslos-streitsüchtig* *δ- aggressionsgehemmt*
Sw- Sozialsituation α- sozial, dienend, β- beeinflußbar γ- hilflos, verführbar δ- rigide	Sigmatik	enw- Anpassungsinhalte *α- soziale Inhalte* *β- soziale Hintergründe* *γ- Sozialutopien* *δ- Soziale Verdrängungen*
	Semantik	cw- caritative Trends *α- Beteiligungsdrang* *β- Fürsorgedrang* *γ- Betreuungssucht* *δ- Sozialängste*
	Syntaktik	wmw- Codekonformität
	Pragmatik	pw- Pathik *α- empfänglich* *β- beeinflußbar* *γ- haltlos* *δ- hingabegehemmt*
Ew- Situationseindruck α- erfolgversprechend β- locker zu meistern γ- verführerisch δ- deprimierend	Sigmatik	ekw- Werkinhalte *α- Qualitätsinhalte* *β- Qualitätshintergründe* *γ- Qualitätswahnvorstellungen* *δ- Qualitätenverdrängungen*
	Semantik	qw- Qualitätstrends *α- Qualitäts-, ästhetisches Streben* *β- Effektstreben* *γ- verschrobenes Effektstreben* *δ- Nivellierungsstreben*
	Syntaktik	vkw- Arbeitsteilungsgrad
	Pragmatik	mw- Sanguinik *α- optimistisch* *β- leichtfertig* *γ- manisch* *δ- verängstigt*

Ow- Organisationslage α- geordnet, systematisch β- kleinlich-formal γ- starr-formalistisch δ- chaotisch	Sigmatik	osw- Formalinhalte *α- Ordnungsinhalte* *β- Ordnungshintergründe* *γ- verschrobene Ordnungsformen* *δ- verdrängte Ordnungsformen*
	Semantik	ow- Ordnungstrends *α- Systematisierungsdrang* *β- Schematisierungsdrang* *γ- Ordnungszwänge* *δ- Ordnungsängste*
	Syntaktik	dew- Rollenabgrenzung
	Pragmatik	dw- Melancholie, *α- ernst, tiefsinnig* *β- verdrossen, mißmutig* *γ- depressiv-leer* *δ- getrieben-flüchtig*
Fw- Handlungssituation α- expansiv, handelnd β- unstet, abenteuerlich γ- hektisch, utopistisch δ- lahm, ängstigend	Sigmatik	otw- Zukunftsinhalte *α- Zukunftsinhalte* *β- Zukunftshintergründe* *γ- utopistische Wahninhalte* *δ- Zukunftsverdrängungen*
	Semantik	fw- Expansionstrends *α- Bedürfnis nach Unbekanntem* *β- Abwechslungssuche* *γ- Abenteuersucht* *δ- Veränderungsängste*
	Syntaktik	fkw- Handlungsvielfalt
	Pragmatik	kw- Kaptation *α- schwungvoll* *β- hektisch-cholerisch* *γ- eruptiv* *δ- kaptativ gehemmt*
Tw- Sicherheitslage α- ungefährdet β- fixiert-gezwungen γ- stur-erstarrt δ- gefährdet	Sigmatik	ogw- Bewahrungsinhalte *α- ökonomisch-traditionelle Inhalte* *β- Sicherheitshintergründe* *γ- lokale Wahnvorstellungen* *δ- Sicherheitsinhaltsverdrängungen*

	Semantik	nw- Bewahrungstrends *α- Vertrautheitssuche* *β- Absolutheitssuche* *γ- Stabilitätssucht* *δ- Ängste vor dem Üblichen*
	Syntaktik	wkw- Handlungskonformität
	Pragmatik	rw- Retention *α- unbeirrbar* *β- stur-phlegmatisch* *γ- negativistisch* *δ- retentiv gehemmt*

In der folgenden Übersicht findet der Leser an Stelle der Schlagworte nähere Angaben zu den Elementen- und Komponentenzuständen, soweit sie ausgeprägt sind, um einen umfassenderen Eindruck der sozialen Faktoren zu gewinnen:

Pw: Vitalstruktur[13]
γ: **Triebhaftigkeit,** *Motor Disturbances* motorische Störungen, bizarre Haltungen, Hyperkinese; Primitivismen, Echopraxien, pervertierte Genußsucht, Zurück-zur-Natur- Wahn,
δ: **Leere,** *emotionale Gehemmtheit,* Welt hat keinen Aufforderungscharakter, natürliche und unmittelbare Reaktionen sind nicht möglich, Starre, Leere, Impulslosigkeit, Affektarmut, ängstliche Genußunfähigkeit, die Welt verliert für die Gruppe den Aufforderungscharakter zum Handeln und vor allem zum aktiven Erleben, zu affektiver Assimilation; es bilden sich Starre, Leere, Impulslosigkeit und Affektarmut.
β: **Impulsivit∆t,** *Genußstreben,* Kreatürlichkeit des Erlebens, unkritische Unmittelbarkeit, Genießernaturell, Eindrucksabhängigkeit des Erlebens, übertriebene Genußwünsche,
α: **Natьrlichkeit,** *Emotionalität,* Natürlichkeit und Unmittelbarkeit des Erlebens, aus dem Emotionalen heraus erleben, Anschauungsnähe, Alltagsnähe, Genußfähigkeit, Zyklothymie, Seele, physiologische und vitale Bedürfnisse, praktische Ausrichtung,
γ zw: **hyperkinetisches** und primitives Verhalten, evtl. verbunden mit Echopraxien, groteske und bizarre Bewegungsformen
δ*zw:* **Impulslosigkeit,** die Welt verliert den Aufforderungscharakter zum Handeln und vor allem zum aktiven Erleben, zu affektiver Assimilation; es

[13] zu den atavistischen Grenzformen sei auf Lorr verwiesen, s. [6], Freiburg 1987, Stichwort Psychose

bilden sich Starre, Leere und Affektarmut
β zw: **überschwenglich**, augenblicksabhängig, impulsive Reaktionsweisen
α zw: **unmittelbar**, initiativ, emotional, ursprünglich, natürlich wirkendes Verhalten
γ lw: **suchthaft**, verschrobene, pervertierte Genußwünsche, Suchtformen des Genusses
δ lw: **Erlebnisflucht**, bei der körperliche, organische, sensuale und vitale Genußwünsche nicht entfaltet werden; das führt zu Desinteresse am lebendigen und sinnlichen Geschehen und zur Ausbildung von Genußunfähigkeit im Vitalen aus Angst.
β lw: Erlebnisabhängigkeit, Genußhaftigkeit, Genußstreben, übertriebene vitale Neigungen
α lw: **Erlebnisnähe**, praktische Bestrebungen, vitale und physiologische Neigungen und Strebungen
vlw: **Machtgradiententeilheit**, Machtfülle von oben
γulw: **vitale Wahninhalte**, Zurück-zur-Natur-Wahn
δulw: **verdrängte vitale**, physiologische sinnenhafte Inhalte
βulw: **vertiefte vitale**, lebensnahes und praxisnahes Hintergrundwissen
αulw: **lebenspraktische Einzelkenntnisse** und lebensnahe Erfahrungen
Rw: Vernunftstruktur
γ: **starr-formalistisch**, *Disorientation*, Desorientierung, funktionale Desorientierung hinsichtlich Zeit und Ort, es kann zur Unfähigkeit kommen, Menschen wiederzuerkennen, paranoide Neugier, Gefühl durch das Schweigen anderer Gruppen ausgeschlossen zu werden, esoterische Wahnvorstellungen,
δ: **disziplinlos-wirr**, *rationale Gehemmtheit*, es fehlt der Bezug zu Ordnungen und Regeln, Züge neurotischer Verwahrlosung treten hervor, Irrationalität, Unvernunft, Augenblicksabhängigkeit, Uninteressiertheit, Angst vor eigener Neugier,
β: **schematisch-eng** *Vernünftelei*, Neigung zu eingeengtem Formalismus, Züge von Schablonenhaftigkeit, Enge, Intellektualismus, weltfremde Spekulationen,
α: **rational**, *Vernünftigkeit*, Überlegung, Selbstdisziplin, Steuerung und kritische Haltung, Geistigkeit, intellektuelle, theoretische Ausrichtung,
γ sw: **verwirrt, weltfremd**, herabgesetztes Realitätsbewußtsein, traumhaftes und nebelhaftes Erleben,
δ sw: **steuerlos**, die vernunftbestimmte Steuerung wird nicht herausgebildet; es bilden sich Steuer- und Disziplinlosigkeit, Augenblicksabhängigkeit, Unvernunft
βsw : **eingeengt-verkrampft**, Verregelung, Schablonisierung, Schematis-

mus
αsw : **verhalten**, Rationalität, Überlegung, planvoll, kritisch, diszipliniert
γ gw: **paranoide Neugier**, verschrobener Informationsdrang, die Gruppe fühlt sich durch das Schweigen anderer ausgeschlossen und hat das Gefühl, die anderen ließen sie auflaufen
δ gw: **geistfremd, -feindlich**, die Ausbildung geistiger Bedürfnisse und Interessen wurde verhindert; es fehlt an Informationsdrang und natürlicher Neugier, es wird kein Wert auf Wissen und Bildung gelegt und es entsteht eine gedankliche Uninteressiertheit
β gw: **neugierig**, weltfremde Neigungen, spekulative, intellektualistische Neigungen
α gw: **erkenntnistheoretische**, theoretische **Neigungen**, ideelle, geisteswissenschaftliche Neigungen
dkw. **Konformitдt**, Einheitlichkeit und Kohäsionsstärke
γeiw: **utopistische Wahnvorstellungen**, idealistische, weltferne, esoterische Zwangsideen
δeiw: **verdrдngte Gedanklichkeit**, ohne Ideale und theoretische Hintergründe
βeiw: **vertieftes gedankliches Rьstzeug**, geistige Hintergrundinhalte
αeiw: **gedanklich-wissenschaftliche Einzelinhalte**, geistiges Vielwissen
Uw: Umweltbeziehung
γ : **hysterisch**, *Excitement*, Erregungszustand mit beschleunigter Sprache, laut, schwer zu unterbrechen, erhöhte Stimmungslage und Selbstwertschätzung, ungezügelter und schauspielerischer Ausdruck, hysterische Reaktionen, Selbstbespiegelungen, narzißtische Reaktionen, exhibitionistische Zwänge,
δ **berьhrungsдngstlich**, *Zuwendungsgehemmtheit*, Umweltangst, Scheu, Kontakthemmungen in dinglicher und menschlicher Hinsicht, Öffentlichkeitsscheu, Aussteigermentalität, Anspruchsängste, es bildet sich keine aktive Zuwendung zur Welt und Umwelt heraus; Isolierungstrends, Kontaktscheu und Kontakthemmungen werden deutlich.
β **anspruchsintensiv**, *Darstellungsdrang* Prestige- und Statusdrang, will auf sich aufmerksam machen und dadurch Beziehungen zur Umwelt gewinnen, Geltungsdrang,
α **berьhrungsintensiv** *Weltzuwendung* extravertiertes Verhalten, sucht Gesellschaft und Öffentlichkeit, wendet sich der Welt zu, Aufgeschlossenheit, Geselligkeitsbedürfnisse, Selbstschätzungsbedürfnisse,
γ ew: **narziЯtisch**, Selbstbespiegelungen, hysterische Reaktionen, selbstbezogene Umweltassimilation
δ ew: **kontaktgehemmt**, es bildet sich keine aktive Zuwendung zur Welt

und Umwelt heraus; Isolierungstrends, Kontaktscheu und Kontakthemmungen werden deutlich.
β ew: **ansprьchig**, auffällig, darstellerisch, aufgeblasen
α ew: **kontaktaktiv**, Außenorientierung, Kontaktoffenheit
γ ww: **Beachtungssucht**, verschrobene Welt. und Öffentlichkeitssucht, hysterische Selbstdarstellungssucht, exhibitionistische Zwänge
δ ww: **Цffentlichkeitsangst**, Bedürfnisse der Weltzuwendung und der erlebenden Teilnahme der Welt konnten nicht entfaltet werden; ängstliches Desinteresse gegenüber Öffentlichkeit, Gesellschaft und Welt, Anspruchsängste, Öffentlichkeitsscheu und Aussteigertendenzen sind die Folge.
β ww: **Geltungsstreben**, Prestigeverlangen, Statusdrang
α ww: **Цffentlichkeitszuwendung**, Weltlichkeit, gesellschaftliche Neigungen
ffw: **Differenz Omnium**, Einfühlungsfähigkeit, Taktgefühl
γuiw: **weltlich orientierte Wahnvorstellungen** zur eigenen Bedeutung
δuiw: **Verdr∆ngung weltlicher Realit∆ten**, Weltfluchtideen, Angst vor vielen Menschen und weiten Räumen
βuiw : **fundierte gesellschaftliche**, weltliche u. öffentliche Hintergründe
αuiw : **vielerlei gesellschaftliche** Einzelinhalte
ь w: Weltbewertung
γ **ideologische Zw∆nge** ,*Anxious Depression* ängstliche Verstimmung, von unbestimmter Angst, aber auch bestimmten Sorgen wird berichtet, die Stimmung ist dysphorisch bei gleichzeitigen Selbsterniedrigungstendenzen, zusätzlich sind Schuldgefühle und Gewissensbisse über wirkliche oder eingebildete Verfehlungen zu beobachten, Verfolgungsängste, inadäquate Fluchtreaktionen, totstellreflexartige Mechanismen, Unheimlichkeitsaffekte, Gerechtigkeitszwänge, religiöses Eiferertum,
δ: **Neutralismus**, *integrative Gehemmtheit* : Verlust der inneren Orientierung, fehlende Werthaltungen und Distanz, Abhängigkeit von Außenlenkung, fehlende Fluchtdistanz, Angst vor dem Alleinsein, rücksichtslose Aufdringlichkeit, Neutralismus, Relativismus, Opportunismus, areligiös, amoralisch, es entwickelt sich keine Fluchtdistanz, die Orientierung aus sich heraus bleibt verschlossen; es bilden sich rücksichtslose Aufdringlichkeit und Angst vor dem Alleinsein, die Welt wird affektiv nicht integriert.
β: **Wertfixierungen**, *Egozentrizität* bezieht alles auf sich, übertriebene Schamgefühle und Gewissensreaktionen, Unfreiheit, Isolierung, Abkapselung, übermäßige Verschlossenheit, orthodoxe und fanatische ideologische Haltungen,
α: **Wertbindungen** *Innenlenkung* orientiert sich an inneren Wertvorstel-

lungen, wahrt Abstand und Distanz, Intraversion, Streben nach Werten, ideologische Bedürfnisse, religiöse Bedürfnisse, ethische Vernünftigkeit, Bewußtheitsklarheit,
γ jw: **Fluchtzwänge**, Verfolgungsängste, inadäquate Fluchtreaktionen, totstellreflexartige Mechanismen, Unheimlichkeitsaffekte
δ jw: **Zudringlichkeit**, es entwickelt sich keine Fluchtdistanz, die Orientierung aus sich heraus bleibt verschlossen; es bilden sich rücksichtslose Aufdringlichkeit und Angst vor dem Alleinsein, die Welt wird affektiv nicht integriert
β jw : **Isolation**, Verbergen, Verstecken, unfrei, befangen
α jw : **Reserviertheit**, Zurückhaltung, Verhaltenheit, Distanzierung,
γ tw: **ideologischer Wahn**, verschrobene, irreale Wertbedürfnisse, ideologische Zwänge und Verabsolutierungen, Gerechtigkeitszwänge, religiöses Eiferertum
δ tw : **neutralistische Gehemmtheit**, das Wertstreben wurde nicht ausgebildet; Angst vor der Entwicklung eigener bzw. Übernahme fremder Wertsysteme und Bewertungen führt zu Neutralismus, Relativismus, Areligiosität, Amoralität und Opportunismus.
β tw : **Orthodoxie**, weltanschaulich fixiert, Engstirnigkeit, ideologistisch, frömmelnd, illiberal
α tw: **ethisch gebunden**, weltanschaulich festgelegt, Werthaltung,
wew : **Alternativenwahlkonformität**, Entscheidungskonformität
γelw: **ideologische Wahnvorstellungen**, religiöse, weltanschauliche Wahnvorstellungen, verschrobene Wertmaßstäbe
δelw: **ideologische Verdrängungen**, Neutralismus, Amoralität
βelw: **fundierte ideologische Konzeption**, weltanschauliches Hintergrundwissen,
αelw : **ideologisches Einzelwissen**, vielerlei weltanschauliche Kenntnisse und Erfahrungen
Kw: Kulturbeziehung
γ **ekstatisch**, *Obsessional Phobic,* phobischer Zwang mit unkontrollierbaren Handlungen und Ritualen, wiederkehrende ungewollte Ideen, halluzinäre, rauschhafte Zustände, kultureller Sendungswahn, Kulturaposteltum, Maschinenstürmerei,
δ: **indolent**, *Gefühlsreaktionsgehemmtheit:* Verlust der Mitte, Funktionalismus, Angst vor Kultur und lebhaften Gefühlen, Gefühlsträgheit, nicht zu begeistern, Unfähigkeit vorhandene Bindungen zu lösen, gefühlshaftes Kleben, interesselos gegenüber Sprache, Kultur etc., Zweckfunktionalismus, geht mit einem Verlust der gefühlsmäßigen Äußerungsfähigkeit als Basis der inneren Assimilation sozialer Verbindungen einher,

β: **schwдrmerisch**, *Illusionen*, übersteigerte, unstete Gefühlsäußerungen, Ästhetizismus, zweckentfremdete Schöngeistigkeit, Antifunktionalismus,
α: **idealistisch**, *Äußerungsleichtigkeit*, kulturelle Orientierung, Lebhaftigkeit der sozialen, kulturellen und sprachlichen Äußerungen, Gefühlslebhaftigkeit, Wachsamkeit, kulturelle Bedürfnisse, schöngeistige Bedürfnisse, Formensinn
γ vw: **ekstatisch**, halluzinäre Zustände, illusionäre, rauschhafte Schwärmereien
δ vw: **дuЯerungstrдge**, geht mit einem Verlust der gefühlsmäßigen Äußerungsfähigkeit als Basis der inneren Assimilation sozialer Verbindungen einher, so daß sich keine Begeisterungsfähigkeit bilden kann;
βvw: **unstet**, erregbar, Geschwätzigkeit, Schwärmerei, unruhige Reaktionen
αvw: **agil**, sprühend, lebhaft, begeistert
γ uw: **A-Funktionalismus**, verschrobener Kulturfanatismus, kultureller Sendungswahn, Bilderstürmerei, Maschinenstürmerei, Kulturaposteltum, Kultur-Erneuerer
δ uw: **Kulturдngste:**, führt dazu, daß sich kein Interesse an Kultur, Sprache und Werden der Gesellschaft herauszubilden vermag, so daß häufig Zweckfanatismus, Kulturabwehr und Überbetonen des Zivilisatorisch-Funktionellen erscheinen.
β uw : **Schцngeistigkeit**, Kulturschwärmerei, Antifunktionalismus
α uw: **Kulturgebundenheit**, Idealismus, historische Neigungen
vpw : **innere Vielfдltigkeit, Klassenvielfalt**
γ usw: **Universalwahnideen**, verschrobene kulturelle, historische Inhalte, Sprachverschrobenheiten
δ usw: **reine Zweckinhalte** infolge von Kulturabwehr und Kulturängsten; Kulturbanausentum
β usw: **umfassendes, hintergrьndiges Kulturwissen**, fundierte Kenntnisse und Erfahrungen in historischer, sprachlicher und kultureller Hinsicht
α usw: **kulturelle und sprachliche Einzelkenntnisse und erfahrungen**
Bw: Bindungsstruktur
γ: **Schwьlstigkeit**, *Paranoid Projection* Verfolgungswahn mit ungerechtfertigten fixen Ideen, die Personen aus der Umgebung aggressive, verfolgerische und kontrollierende Absichten zuschreiben, verschrobene, auf die eigene Gruppe gerichtete Bindungen, Hundeheimweh, Sendungswahn, dabei sich von anderen verfolgt fühlen,
δ: **Gefьhllosigkeit**, *Humanitätsängste:* Angst vor dem Menschlichen, vor Partnerschaften und Bindungen, aber auch vor der Eigenprägung, Rückzug ins Kollektive, Züge der Kälte und Unpersönlichkeit, fehlende innere

Bindungen, betonte Sachlichkeit als Sublimation,
β: **Sentimentalität,** *Romantik,* Gefühlchen, Gefühlsduselei, Gemütsegoismus, Singularisierung, in-group-Betonung,
α: **bindungsintensiv,** *Humanität,* Gefühlstiefe und Bindungsfähigkeit verbunden mit Eigenständigkeit des gefühlsmäßigen Erlebens, Bedürfnis nach Selbstbestimmung und Selbstverwirklichung in dem Zusammenleben mit anderen Gruppen,
γ hw: **Gefühlsegozentrizität,** verschrobene, auf die eigene Gruppe gerichtete Bindungen, etwa in Form des krankhaften Hundeheimwehs
δ hw: **Bindungsgehemmtheit,** Fehlen sozialer Bezogenheit und Bindungen zu anderen Sozialkörpern, was als Kälte und Gemütsarmut erscheinen kann.
β hw: **Romantik,** in-group-Bindung der Gefühle, Gefühlssentimentalität
α hw: **Wärme,** Gefühlstiefe, Bindungstiefe, Sensitivität
γ xw: **Sendungswahn,** verschrobene „Selbstverwirklichungs“wünsche, Gruppenerhebungszwänge,
δ xw: **Selbstzweifel,** Verselbständigungstendenzen wurden nicht entfaltet; kollektivistische Neigungen aus Angst vor dem Selbstsein sowie überbetonte Sachlichkeit als Substitutionserscheinung treten hervor
β xw: **Singularisierung,** Vereinzelung, Absonderungsneigungen
α xw: **Verselbständigungsstreben im Sinne der Eigenprägung,** in-group-Individuation
dpw: **Durchlässigkeit,** Lockerheit, Kastenfreiheit, innere Beweglichkeit
γ gew: **Sendungswahnideen,** größenwahnähnliche Inhalte, Auserwähltseinvorstellungen
δ gew: **Humanitätsverdrängungen,** Dehumanitätsvorstellungen, Deindividuationsvorstellungen,
β gew: **fundierte psychologische Kenntnisse und Erfahrungen,** menschliche Hintergrundinhalte
α gew: **psychologische Einzelkenntnisse und erfahrungen,** menschliche und gefühlsmäßige Einzelinhalte
Gw: Gestaltungsstruktur
γ: **Zerstörung,** *Hostile Belligerence* aggressive Streitsucht, bei der Beschwerden über Aggressivität und Ressentiment gegen andere üblich sind; die Schuld an Schwierigkeiten und Versagen wird anderen gegeben, Selbstzerfleischungs- und –zerstörungsreaktionen, verschrobene Macht- und Herrschaftssüchte,
δ **Subalternität,** *Machtängste:* Gestaltungsgehemmtheiten, Aggressionsgehemmtheiten, Bewältigungsgehemmtheiten, Angst, anderen ins Gehege zu kommen, Angst vor dem Sichdurchsetzen, Nichtentfaltung aktiven Han-

delns in größeren sozialen Bezügen
β **Hitzigkeit,** *Beherrschung* Machtwünsche, Züge von Herrschsucht und Aggressivität, Schärfe der Reaktionen, Machenwollen um jeden Preis,
α **Bestimmung,** *Gestalten* Aktivität des Gestaltens und Machens, aber auch der Durchsetzung, Führungs- und Lenkungsdrang, Leistungsbedürfnis,
γ aw: **Streitsucht,** Aggressivität gegen die eigene Gruppe, Selbstzerfleischungsreaktionen
δ aw: **Aggressionsgehemmtheit,** Nichtentfaltung aktiven Handelns in sozialen Bezügen, wodurch Selbstdurchsetzung und Angriffslust verlorengehen, es entsteht ständige Angst, anderen Gruppen ins Gehege zu kommen oder sie zu verletzen.
β aw: **Aggressivität,** Heftigkeit, Schärfe der Reaktionen
α aw: **Aktivität,** angreifend, durchsetzend,
γ bw: **Machtterror,** Zerstörungszwänge, verschrobene Macht- und Herrschaftsbedürfnisse ohne Rücksicht auf die eigene Gruppe
δ bw: **Gestaltungsängste,** bei denen keine gestaltenden und konstruktiven Bedürfnisse entfaltet wurden; es entwickeln sich keinerlei Macht- und Führungsansprüche, kein sozialer Ehrgeiz, männliche und gestaltende und führende Rollen machen Angst und werden daher abgelehnt.
β bw: **Unterdrückungsstreben,** Überwältigungs- und Machtstreben
α bw: **Führungsstreben,** Gestaltungs-, Lenkungs-, Leitungs-, Bestimmungs-, Bewältigungsstreben
fhw : **Codedifferenziertheit,** Ausdrucksvielfalt nach innen und außen
γ afw: **Bewältigungswahn,** verschrobene Macht-, Blut-, Zerstörungs- und Terrorinhalte
δ afw: **verdrängte Macht- und Führungswünsche,** unterdrückte und gestaute Gestaltungsvorstellungen, wagt keine Gedanken dahingehend
β afw: **fundierte Lenkungsinhalte,** Gestaltungs- und Steuerungs-Hintergrundinhalte
α afw: **Gestaltungseinzelwissen und erfahrungen**, Einzelinhalte zu Lenkungs- und Steuerungsthemen
Sw: Sozialstruktur
γ: **Hilflosigkeit,** *Functional Impairment* Funktionale Schwäche mit Beschwerden über die Unfähigkeit, sich zu konzentrieren, zu arbeiten oder Entscheidungen zu treffen; Interesse an anderen Gruppen, Menschen und Sozialem ist herabgesetzt oder fehlt, Verführbarkeits- und Hingabezwänge; Zwang, Unbrauchbares zu erhalten;
δ: **Rigidität,** *Sozialängste:* Angst vor der Anpassung an soziale Gegebenheiten, Neigung zu unangemessenem Freiheitsdrang und Selbstherrlichkeit, unsensibel, vertrauenslos in sozialer Hinsicht, Angst vor sozialen

Aufgaben, vor Helfen, Hegen und Pflegen, Anpassungsunfähigkeit,
β: **BeeinfluЯbarkeit,** *Abhängigkeit* Nachgiebigkeit, erdrückende Fürsorge, die keinen echten Halt und keine wirkliche Hilfe gibt, die zur Beherrschung anderer führt, Herrschen durch Schwäche,
α: **Dienstbereitschaft,** *Hingabe* soziale Bedürfnisse, Engagement in der Gemeinschaft, Anpassung, Beeindruckbarkeit, Hegen und Pflegen, soziale Anpassung,
γ pw: **Haltlosigkeit,** Nachgiebigkeitszwänge, Verführbarkeits- und Hingabezwänge
δ pw: **Hingabegehemmtheit**, Nichtentfaltung von Beeindruckbarkeit und Sensibilität – besonders im Umgang mit der sozialen Umwelt - , Vertrauenslosigkeit, Anpassungsunfähigkeit, Mangel an Lösung, Lockerheit und Entspannung.
β pw: **Nachgiebigkeit**, Beeinflußbarkeit, Verführbarkeit, Weichheit,
α pw: **EmpfѦnglichkeit,** pathisch, beeindruckbar, sensibel, hingabefähig
γ cw: **Betreuungssucht,** verschrobenes Sozial- und Pflegebedürfnis, muß auch dort helfen, wo keine Hilfe gebraucht wird, Unbrauchbares zu retten und zu erhalten, ist die Gruppe innerlich gezwungen
δ cw: **SozialѦngste,** bei der keine sozialen und caritativen Bedürfnisse ausgebildet werden; diese Gruppen können weder andere Gruppen, Menschen noch Gegenstände hegen und pflegen, geschweige denn Verständnis für sie entwickeln.
β cw: **Fьrsorgedrang,** Mitläufertum, übertriebene Fürsorglichkeit, Bemutterungstrends bis zur Bevormundung
α cw: **Beteiligungsdrang,** Anpassungsneigung, Dienstbereitschaft, Helfenwollen, Pflegenwollen, pflegendes Erhalten, Serviceneigung
wmw: **CodekonformitѦt**, Ausdruckskonformität nach innen und außen
γ enw: **Sozialutopien**, soziale Wahnvorstellungen, feministische Wahnideen und Verschrobenheiten, mütterlichkeitsideologische Wahninhalte
δ enw: **feminine, soziale VerdrѦngungen,** Angst vor weiblichen Inhalten, männliche Protestinhalte,
β enw: **fundierte soziale Hintergrundinhalte,** Dienst-, Service-, Anpassungs-, Pflege- und Wartungshintergrundinhalte
α enw: **Soziale Einzelkenntnisse und erfahrungen,** Einzelinhalte aus den Bereichen des Dienens, Pflegens und der Wartung
Ew: Situationshaltung
γ: **Verfьhrerisch-ьberheblich,** *Grandiosity* Größenwahn, eine Einstellung der Überlegenheit verbunden mit unberechtigten Gefühlen, über ungewohnte Kräfte zu verfügen; göttliches Sendungsbewußtsein kann ebenfalls beobachtet werden; Ideenflucht

δ: **deprimiert,** *Minderwertigkeitsgefühle:* manische Gehemmtheit, Lebensangst, Depressionen, depressive Verstimmungen, reine Nützlichkeitshaltungen, Quantitätssucht als Kompensation, Lebensangst,
β: **locker-selbstgewiЯ,** *Unbedenklichkeit* überhöhte Risikobereitschaft, Mangel an Selbstkritik, Hektik, Leichtfertigkeit,, Flüchtigkeit, Tollkühnheit, effekt- und äußerlichkeitsorientiert
α: **erfolgssicher,** *Sicherheit* Frische, Heiterkeit, sanguinisch, Selbstvertrauen, Wagemut, ästhetische Bedürfnisse, musische und künstlerische Bedürfnisse, Qualitätssinn, plastische Vorstellung,
γ mw: **Manie,** unruhige, hektische, ideenflüchtige Reaktionen, bei denen alles unabhängig von Realitäten durch die rosarote Brille betrachtet wird
δ mw: **VerΛngstigung,** Frische und Selbstvertrauen werden nicht ausgebildet, womit ein Verlust von Wagemut, Optimismus und Risikobereitschaft ebenso verbunden ist wie Lebensangst, Minderwertigkeitsgefühle und Depressionen.
β mw: **Leichtfertigkeit,** Unbedenklichkeit, , Flüchtigkeit, Oberflächlichkeit
α mw: **Optimismus,** Sicherheit, Selbstgefühl, , Frische, Heiterkeit
γ qw: **verschrobene Effektbedьrfnisse**, Geschmacksverirrungen, Künstlerwahn, Qualitätswahn
δ qw: **QualitΛtenverdrΛngungen,** es entsteht keine Beziehung zur Qualität und zu Qualitätsunterschieden; es besteht kein Interesse für Qualitäten und deren Wirkungen, für musische und ästhetische Phänomene, es wird aus Angst oft in eine reine Nützlichkeitseinstellung ausgewichen
β qw: **Effektbedьrfnisse,** Kitsch, , Veräußerlichungen,
α qw: **QualitΛtstrends,** ästhetische Bedürfnisse, Geschmack, Qualitätssinn, musisch, künstlerische Neigungen,
vkw : **Aufgabenvielfalt**, Funktionsvielfalt
γ ekw: **QualitΛtswahnideen,** irreale Gütevorstellungen, verschrobene ästhetische Inhalte, bizarre Inhaltsformen
δ ekw: **verdrΛngte QualitΛtsinhalte,** amusisch, Quantitätssucht, Kunstbanausentum
β ekw : **fundierte QualitΛtsinhalte,** musische und ästhetische Hintergrundwelten
α ekw: **vielerlei QualitΛtsinhalte,** musische und ästhetische Einzelheitenkenntnisse und –erfahrungen
Ow: Systemstruktur
γ: **starr-formalistisch,** *Perceptual Distortions* mit Wahrnehmungsstörungen, Erlebnisse unechter Wahrnehmungen in Form von Stimmen, die bedrohlich anklagen oder etwas fordern, Beeinträchtigungswahn, Verfolgungsängste, Hoffnungslosigkeit und verschrobene Schuldgefühle, hypo-

chondrische Reaktionen, Kontroll- und Ordnungszwänge,
δ: **Chaotismus,** *Ordnungsängste*, Angst vor Ordnung, Systematik und Regeln, Mangel an Ernst und Besinnlichkeit, Flachheit, Verantwortungslosigkeit, Nachlässigkeit, Schlamperei, Flachheit, Verantwortungslosigkeit, Leichtsinn und lässige Tollkühnheit werden wirksam.
β: **kleinlich-formal,** *Pedanterie* Übervorsicht, Mißtrauen, Verdrossenheit, Mißmut, strenge, fixierte und wenig sinnvolle Ordnungsbildung, Listenführungsdrang, bürokratische Tendenzen und Verhaltensformen,
α: **geordnet,** *Abwägen* Besinnlichkeit, Besonnenheit, Systematik, Tiefsinn, Ernst, melancholisch, Ordnungsstreben, Streben nach Gliederung und Systematik, Organisationsdrang, intellektuelle Verknüpfungvielfalt,
γ dw: **Depression, Leere,** verschrobene Ängste, Verfolgungsängste, Interessenverlust, Hoffnungslosigkeit und verschrobene Schuldgefühle, hypochondrische Reaktionen
δ dw: **getrieben-flüchtig,** Ernst, natürliche Vorsicht und Besonnenheit werden nicht entfaltet; eine erhebliche Unfähigkeit zum Abwägen, Flachheit, Verantwortungslosigkeit werden wirksam
β dw: **Mißmut,** Verdrossenheit, Unlust, Übervorsicht, Pessimismus
α dw: **Ernst,** Verhaltenheit, Abwägen, Besonnenheit, Tiefsinn,
γ ow: **Ordnungsturbulenz,** Kontroll- und Ordnungszwänge, verschrobene wirklichkeitswidrige Pedanterien
δ ow: **Ordnungsängste,** die einer Ausbildung von Ordnungsbedürfnissen im Wege stehen, so daß keinerlei Beziehungen zum Systematischen, zu Organisationen herausgebildet werden; Schlamperei und Chaotismus sind die Folge.
β ow: **Schematisierungsdrang,** Pedanterie, Listenzwang, Schematismus, Regelabhängigkeit, Normen und -zwang
α ow: **Systematisierungsstreben,** Ordnungsstreben, Gliederungsstreben, Organisationsdrang
dew: **Rollenabgrenzung,** Funktionsabgrenzung, Kompetenzbegrenzung
γ osw: **verschrobene, realitätsfremde Ordnungs-** und Systemformen, bürokratische Zwänge, Ordnungswahn,
δ osw: **verdrängte Ordnungsinhalte,** chaotische Vorstellungen, desorganisierte und desorganisierende Inhalte, Ängste vor formalen Inhalten
β osw: **fundierte Ordnungs- und Systeminhalte,** Gliederungs- und Formalisierungshintergrundinhalte
α osw: **vielerlei Ordnungskenntnisse und erfahrungen,** vielerlei einzelne Formalinhalte
Fw: Handlungsstruktur
γ: **Utopismus,** *Conceptual Disorganisation* Auffassungsstörungen, bei denen

die Sprache weitschweifig und voller Neologismen, unzusammenhängend und ohne Bezug zu gestellten Fragen ist; hyperkinetische Störaktionen, Veränderungssucht, Nichtseßhaftigkeit,
δ: **Lahmheit,** *Fremdheitsängste:* Angst etwas zu unternehmen, Zukunftsängste, ängstliche Lahmheit und Mattheit, Furcht vor eigenem Handeln, Angst vor Neuem, Fremdem, Fernem und Unbekanntem. Symptome sind ängstliche Lahmheit, Mattheit, Furcht vor eigenem Tun.
β: **Unstetheit,** *Überschwang* Heftigkeit, Hitzigkeit, Abenteurertum, Betriebsamkeit, Geschäftigkeit, Abwechslungssucht, Neuheitensucht,
α: **Schwung,** *Expansivität*, Unternehmungsgeist, cholerisch, eifrig, dynamisch, Bedürfnisse nach Neuem und Veränderungen, Zukunftsstreben, progressiv, zielsichere motorische Koordination,
γ kw: **eruptiv,** groteske, situationsunangemessene Impulsivität, hyperkinetische Störaktionen
δ kw: **Kaptative Gehemmtheit,** unternehmerischer Ausgriff, schwungvolle Expansion werden nicht ausgebildet; Mattheit, Furcht vor eigenem Tun.
β kw: **hektisch-cholerisch,** Heftigkeit, Unruhe, Unstetheit, Geschäftigkeit
α kw: **Schwung,** Expansionsdrang, Eifer, Unternehmungslust,
γ fw: **Abenteuersucht**, Fortschrittswahn, Veränderungssucht, verschrobenes Fortschrittsbedürfnis, Nichtseßhaftigkeit
δ fw: **Veränderungsängste,** Bedürfnisse nach Entdecken, Veränderungen sind nicht ausgebildet; Angst vor dem Fernen, Fremden, Unbekannten, Fortschritt und vor der Zukunft beherrschen die Einstellung, allem Neuen und Fremden wird aus dem Wege gegangen
β fw: **Abwechslungssuche,** Wechselhaftigkeit, Abenteuersucht, Veränderlichkeit
α fw: **Unternehmungslust,** Fortschrittsdrang, Zukunftsorientierung, Neuheitensuche, Forschungsdrang,
fkw : **Handlungsvielfalt** nach innen und außen
γ otw: **Progressionswahnideen**, utopistische Zukunftsinhalte, irreale zwanghafte Vorstellungen von Fremden und Fernem
δ otw: **verdrängte Zukunftsinhalte,** verdrängte Progressionsinhalte, Fremdenphobien, verdrängte Fremdenvorstellungen
β otw : **fundierte Progressionsinhalte,** Hintergrundinhalte fremder, zukünftiger und ferner Art.
α otw : **Vielerlei einzelne Progressionsinhalte,** Einzelkenntnisse und –erfahrungen bezüglich zukünftiger Dinge, Phänomene und fremder und ferner Gegebenheiten
Tw: Sicherungsstruktur
γ: **Sturheit,** *Retardation* Verlangsamung von Sprache und Vorstellung, Er-

starrung, Verminderung der motorischen Aktivität bis zur Blockierung, Apathie und Desinteresse an der Zukunft kommen hinzu, Stuporerscheinungen, negativistische Haltungen, Katzenheimweh, Zukunftsphobien,
δ: **haltloses Schwanken,** *Traditions- und Vertrautheitsängste,* Wurzellosigkeit, Mangel an Standpunkt, Mangel an Bodenständigkeit, kann nicht nein sagen, Flucht Gewohntem und Vertrautem, ängstliche Standpunktschwäche, Neinsagen wird unmöglich.
β: **Gezwungenheit,** *Fixiertheit* Verfertigung, Trotz, Abwehr, Unelastizität, Phlegma, Sturheit, Gewohnheitenverhaftung, Traditionsfixierung,
α: **Stabilität,** *Bewahrung* Festigkeit, Selbstbehauptung, Traditionsgebundenheit, Traditions- und Besitzbedürfnisse, ökonomische Bedürfnisse, Phlegma, Gelassenheit, Beharrung, Beständigkeit,
γ rw: **Negativismus,** akinetische Reaktionen, Stuporerscheinungen, negativistische Haltung
δ rw: **Retentive Gehemmtheit,** Festigkeit und Eigenwillen sowie Beharrungsvermögen werden nicht entfaltet; ängstliche Standpunktschwäche sowie wurzel- und haltloses Schwanken sind die Folge,
β rw: **phlegmatisch-trage,** Verfestigung, Trotz, Abwehr, Phlegma, Sturheit, Unelastizität, Monotonie, Gleichförmigkeit
α rw: **Unbeirrbarkeit,** Festigkeit, retentiv, stetig, gleichmäßig, ausdauernd, beständig, beharrlich,
γ nw: **Sicherungssucht,** verschrobene Sicherheitsbedürfnisse, Zukunftsphobien, krankhaftes Katzenheimweh, krankhaftes Kleben am Vergangenen
δ nw: **verdrängte Sicherheitswünsche,** Bedürfnisse nach Erhaltung und Bewahrung des Vorhandenen und Naheliegenden werden nicht ausgebildet; Traditionen, Gewohntes, Übliches werden abgelehnt, da sich Ängste vor dem Sicheren und Vertrauten herausgebildet haben.
β nw: **Absolutheitssuche,** Gewohnheitsmensch, traditionsabhängig, vergangenheitsorientiert,
α nw: **Vertrautheitssuche,** Sicherheitsstreben, traditionell, konservativ, ökonomisch,
wkw: **Handlungskonformität** nach innen und außen
γ ogw: **Lokale Wahnvorstellungen,** verschrobene Traditions- und Selbstverständlichkeiteninhalte, verschrobene Heimats- und Geborgenheitsvorstellungen und -zwänge
δ ogw: **verdrängte Selbstverständlichkeiten und Sicherungsinhalte,** verdrängte Traditionsinhalte, Angst vor Gewohnheiten und Verdrängung derselben
β ogw: **fundierte Sicherungsinhalte,** Wissens- und Erfahrungshintergrund

für wirtschaftliche, finanzielle, traditionelle und ähnliche Inhalte
α ogw: **vielerlei einzelne Sicherungsinhalte,** Einzelkenntnisse und -erfahrungen auf wirtschaftlichem, finanziellen, traditionellem etc. Gebiet.

Dazu gehören dann die folgenden Verknüpfungsformen:

Komponenten	*Wirkungsbereiche*
Gruppe im Umgang mit sich selbst	
zw: Zyklothymie – sw: Schizothymie	=Ayw: Selbstbehauptungsstil
zw: Zyklothymie + sw: Schizothymie	=2Aws: Selbstbehauptungsstruktur
ew: Extraversion – jw: Intraversion	=Uyw: Weltzuwendungsstil
ew: Extraversion + jw: Intraversion	=2Uws: Umgangsweise
lw: vitale – gw: geistige Trends	=Lew: allgemeine Lebenseinstellung
lw: vitale – gw: geistige Trends	=2Lews: Lebensauffassung
ww: weltliche – tw: taxonomische Trends	=Sow: Reaktionstrend
ww: weltliche + tw: taxonomische Trends	=Sows: Einstellung zur Umwelt
Gruppe im Umgang mit der sozialen Welt	
vw: Versatilität – hw: Conjunktivität	=Byw: Bindungsstil
vw: Versatilität + hw: Conjunktivität	=2Bws: Gefühlsstruktur
Aw: Aktivität – pw: Pathik	=Gyw: soziale Beziehungsgestaltung
aw: Aktivität + pw: Pathik	=2Gws: soziale Handlungsweise
uw: kulturelle – xw: Individuations- Trends	=Sgw: kulturelle Ausrichtung
uw: kulturelle + xw: Individuations -Trends	=2Sgws: soziale Lebenseinstellung
bw: Bewältigungs- - cw: caritative Trends	=Gwe: soziale Zielsetzung
bw: Bewältigungs- + cw: caritative Trends	=2Gwes: soziale Handlungsstruktur
Gruppe im Umgang mit den Dingen und Aufgaben	
mw: Sanguinik – dw: Melancholie	=Syw: Situationserfassung
mw: Sanguinik +dw: Melancholie	=2Sws: Reaktionsstruktur
kw Kaptation – rw: Retention	=Eyw: Arbeitsstil
kw: Kaptation + rw: Retention	=2Ews: Arbeitshaltung
qw: qualitative – ow: Ordnungstrends	=Waw: Wahrnehmungsweise
qw: qualitative + ow: Ordnungs- Trends	=2Waws: Weltbetrachtungsweise
fw: Expansions- - nw: Bewahrung- Trends	=Orw: Orientierungsweise
fw: Expansions- + nw: Bewahrung- Trends	=2Orws: Handlungsweise

Elementenstrukturen	
Pw: Vitalstruktur – Rw: Vernunftstruktur	=Sbw: Selbstbestimmung
(Pw: Vitalstruktur + Rw: Vernunftstruktur)/2	=Sbws: Selbstbetrachtungweise
Uw: Umweltbeziehung – Üw: Weltbewertung	= Säw: Selbstäußerungsweise
(Uw: Umweltbeziehung + Üw: Weltbewertung)/2	= Säws: Weltverhältnis
(Sbw+Säw)/2	= Egw: Selbsterlebensstil
(Sbws+Säws)/2	= Egws: Einstellung zur Welt an sich
Kw: Kulturbeziehung – Bw: Bindungsstruktur	= Gew: Gruppenbeziehungsweise
(Kw: Kulturbeziehung + Bw: Bindungsstruktur)/2	= Gews: Gruppenbeziehungsstruktur
Gw: Gestaltungsweise – Sw: Sozialstil	= Gbw: Bewältigungsweise
(Gw: Gestaltungsweise + Sw: Sozialstil)/2	= Gbws: Bewältigungsstruktur
(Gew+Gbw)/2	= Mnw: sozialer Begegnungsstil
(Gews + Gbws)/2	= Mnws: soziale Begegnungshaltung
Ew: Situationshaltung – Ow: Systemstruktur	= Wew: Welterfassungsstil
(Ew: Situationshaltung + Ow: Systemstruktur)/2	= Wews: Weltauffassungsweise
Fw: Handlungsweise – Tw: Sicherungsweise	= Wbw: Aufgabenbewältigungsstil
(Fw: Handlungsweise + Tw: Sicherungsweise)/2	= Wbws: Aufgabenbewältigungsstruktur
(Wew+Wbw)/2	= Wtw: Problemlösungsweise
(Wews+Wbws)/2	=Wtws: Umgang mit Dingen und Aufgaben
(Summe der pragmatischen Komponenten)/12	= Dw: mittlere dynamische Struktur (Temperament)
(Dw/iDw)	= Dwg: dynamische Stabilität
(Summe der semantischen Komponenten)/12	= Mw: mittlere Bedürfnisstruktur (Bedürfnisse)
(Mw/iMw)	= Mwg: Bedürfnisstabilität
(Egw+Mnw+Wtw)/3	= INW: Gesamterscheinungsbild
(Summe der Elementenwerte)/12	= Inw: Grundstruktur
PV. Potential zur Bewältigung	*gruppeninterner Konflikte*
vlw: Linearität, Machtgradient	
vpw: Eindrucksvielfalt, Klassenvielfalt	$PV = 100 \cdot e^{(vlw \cdot vpw \cdot vkw / 729)-1}$
vkw: Aufgabenvielfalt, Arbeitsteilungsgrad	
PI. Ordnungsbildungs- u. Kohäsionspotential	
dkw: Intransparenz, Konformität	

dpw: Klassendurchlässigkeit	$PI = 100 \cdot e^{(dkw \cdot dpw \cdot dew / 729) - 1}$ pkt
dew: Rollenabgrenzungsgrad	
PI. Außenwirkungspotential	
ffw: Einfühlungsfähigkeit der Gruppe	
fhw: Codedifferenziertheit	$PF = 100 \cdot e^{(ffw \cdot fhw \cdot fkw / 729) - 1}$ pkt
fkw: Handlungs- und Reaktionsdifferenziertheit	
PF. Abgrenzungspotential	
wew: Wahl- und Entscheidungskonformität	
wmw: Codekonformität	$PW = 100 \cdot e^{(wew \cdot wmw \cdot wkw / 729) - 1}$ pkt
wkw: Handlungs- und Reaktionskonformität	

Auf dieser Basis kann man die Sozialsysteme, ihre Steuerung und Strukturen umfassend beschreiben und analysieren. Wichtig ist generell dabei, daß man niemals ohne sorgfältige Analyse der Komponenten und ihrer Zustände das allgemeine Erscheinungsbild einer Gruppe oder Gesellschaft interpretieren sollte. Dieser Fehler wird nur zu leicht von Ideologen aller Schattierungen gemacht, mögen sie kirchlicher, parteipolitischer oder ökologischer Natur sein. Sie arbeiten mit Vereinfachungen und Simplifizierungen, handeln dann aufgrund völlig falscher Voraussetzungen. Folglich müssen sie damit rechnen, daß grundlegende Komponenten und -zustände sich ändern, daß Effekte entstehen, die zu noch größeren Katastrophen führen, die sie keineswegs gewollt haben, die aber aufgrund ihrer Leichtfertigkeit und Oberflächlichkeit entstehen mußten. Das lehren dann insbesondere die Erkenntnisse der Chaosforschung. Dazu nachfolgend ein Beispiel:

Ergebnisbeispiel

Das folgende Ergebnisprotokoll ist eine formale Darstellung einer systematischen und zeitraubenden differenzierten Analyse einer Gruppe:

	real	imag	Betr.	δ	γ	d	real	imag		real	imag	Betr		real	imag
zw	1,0	4,2	3,5	1,0	2,0	Aws	2,1	3,5	Pw	4,0	4,4	4,7	Sbw	4,8	4,9
sw	3,1	2,7	3,4	1,0	1,0	Ayw	-2,1	1,5	Rw	5,5	5,4	5,8	Sbws	-1,4	-0,9

ew	2,0	2,7	2,8	2,0	1,0	Uws	1,5	3,9	Uw	3,5	3,3	3,9	Säw	3,8	4,0
jw	1,0	5,1	4,1	2,0	5,0	Uyw	1,0	-2,4	Üw	4,1	4,6	4,8	Säws	-0,6	-1,3
vw	1,8	2,5	2,7	3,0	2,0	Bws	1,4	3,8	Kw	4,8	4,1	4,9	Gew	4,5	4,2
hw	1,0	5,0	4,1	2,0	3,0	Byw	0,8	-2,5	Bw	4,2	4,2	4,6	Gews	0,6	-0,1
aw	2,1	2,5	2,8	1,0	2,0	Gws	2,6	3,4	Gw	3,8	4,5	4,6	Gbw	4,1	4,5
pw	3,1	4,2	4,1	1,0	2,0	Gyw	-1,0	-1,7	Sw	4,5	4,6	4,9	Gbws	-0,8	-0,1
mw	2,0	2,0	2,4	2,0	1,0	Sws	1,4	2,0	Ew	5,1	4,2	5,0	Wew	4,6	4,1
dw	0,8	2,0	2,0	4,0	1,0	Syw	1,2	0,0	Ow	4,2	4,1	4,6	Wews	0,9	0,0
kw	2,1	3,4	3,3	1,0	2,0	Ews	1,6	3,8	Fw	5,6	5,1	5,7	Wbw	4,8	4,6
rw	1,0	4,2	3,5	1,0	2,0	Eyw	1,0	-0,8	Tw	4,0	4,1	4,5	Wbws	1,6	1,0
Dw	1,8	3,4	3,2	δ	γ	Dwg	0,5		Inw	4,4	4,4	4,8	Inwg	1,0	
lw	4,1	2,7	3,9	1,0	1,0	Lews	5,7	4,8		real	imag	Betr	Egws	4,3	4,4
gw	7,2	6,9	7,2	1,0	4,0	Lew	-3,1	-4,2	ulw	3,1	4,0	4,1	Egw	-1,0	-1,1
ww	2,7	1,3	2,6	3,0	1,0	Sows	3,4	2,0	eiw	6,9	2,7	5,6	Mnws	4,3	4,3
tw	4,1	2,7	3,9	1,0	1,0	Sow	-1,4	-1,3	uiw	5,5	2,0	4,6	Mnw	-0,1	-0,1
uw	4,6	1,3	3,8	3,0	1,0	Sgws	6,4	2,7	elw	2,7	3,4	3,5	Wtws	4,7	4,4
xw	8,3	4,0	6,7	1,0	3,0	Sgw	-3,7	-2,7	usw	7,3	7,0	7,3	Wtw	1,2	0,5
bw	1,6	4,2	3,7	4,0	2,0	Gwes	2,6	3,5	gew	8,3	3,4	6,6			
cw	3,7	2,7	3,7	3,0	1,0	Gwe	-2,0	1,5	afw	2,7	2,7	3,2	INW	0,0	-0,2
qw	6,9	2,5	5,6	2,0	2,0	Waw	5,4	2,5	enw	3,3	3,4	3,8			
ow	4,0	2,5	3,8	2,0	2,0	Waws	3,0	0,0	ekw	4,9	2,0	4,2			
fw	6,4	3,0	5,4	3,0	3,0	Orw	5,7	2,6	osw	4,9	4,2	5,0			
nw	4,9	2,3	4,3	2,0	4,0	Orws	1,5	0,7	otw	5,9	3,0	5,1			
Mw	4,9	3,0	4,5	Mwg	1,6				ogw	4,0	0,8	3,3			
vlw	6,0	PV	45,9						Cw	5,0	3,2	4,6			
dkw	7,0	PI	58,3												
ffw	6,0	PF	54,6												
wew	8,0	PW	47,9												
vpw	9,0	TW	51,4												
dpw	8,0														
fhw	6,0														
wmw	3,0														
vkw	3,0														
dew	6,0														
fkw	8,0														
wkw	8,0														

Dieses Ergebnis dieser Analyse eines im Werden befindlichen Teams sei nun in ein beschreibendes Textprogramm mit Hilfe geeigneter Terminitabellen umgesetzt, wobei die Termini jeweils im *Schrägdruck* erscheinen[14]:

Systembeurteilung

Name:	Führungsteam
Alter:	1 Jahr
Herkunft:	Bosch AG
Entwicklungsstand:	im Aufbau
Untersuchungsmaterial:	Beobachtungsprotokolle
Prüfverfahren:	Verhaltensstudie

Die Auswertung des Untersuchungsmaterials vermittelt bei globaler Betrachtungsweise einen *beherrschten* Eindruck . Dieser basiert auf einer *schwankenden angemessenen* Grundkonzeption, in der man von einer *anfälligen* Temperamentsstruktur, einer *lockeren* Motivationslage ausgehen kann, und das bei einem überdurchschnittlichen Gesamtfunktionsniveau.

Soweit es das Selbst des Systems betrifft, also den direkten Umgang mit sich und der Welt, zeigt es einen *disziplinierten* Stil auf einer *angemessenen* Struktur. Ob das zu Problemen führt, hängt weitgehend von den inneren und äußeren Belastungen ab. Dahinter steht eine *nüchterne* Art, das Geschehen zu erleben und sich selbst zu bestimmen, und das bei einem *angemessenen* Gefüge. Dieses wird aus den Tiefenschichten heraus durch *genußferne* Impulse und eine *straffe* Steuerung geformt. Dahinter steht ein *kritischer* dynamischer Stil verbunden mit *anfälligen* Selbstbehauptungsweisen und entsprechenden Autonomiebestrebungen. Zugleich zeigt sich in seinem Streben eine *dialektische* Einstellung zum Leben im allgemeinen, die mit einer *einfachen* Struktur verbunden ist. Getragen werden diese Züge des Selbst von *störbarer* Emotionalität, *sachlichen* vitalen Bedürfnissen, *naiver* Lenkung und *intellektuellen* Bestrebungen. Diese Art, sich in der Welt zu erleben, ist bei ihm mit einer *integrierenden* Lebens- und Aktionsweise bei einem *störbaren* Verhältnis gegenüber der Welt im allgemeinen und der

---

[14] Nähere Einzelheiten dazu finden sich in Datei 01 von Waszkewitz: Fortschritte... a. a. O.

Gesellschaft als Institution verbunden. Dazu tragen eine *scheue* Handlungsaffektivität gegenüber der Umwelt und *liberale* Überichkräfte als Begrenzer bei. Sie basieren auf einem *bedenkenden* Lebenstemperament und *anfälligen* Umgangsweisen. Die Motive und Sinngebungen gipfeln in einer *weltanschaulichen* Einstellung und *bestimmten* Bedürfnissen, die ihrerseits von einer *unauffälligen* Umweltzuwendung und *Desinteresse* verbunden mit einer *hastigen* Haltung bei *freien* ideologischen Tendenzen geformt werden.

In sozialer Hinsicht, also in der Beziehung zu Menschen und Menschlichem stößt man bei diesem System zunächst auf einen *beherrscht* wirkenden Stil bei einer *angemessenen* Struktur der menschlichen Begegnungsweise, denen eine *mitgehende* Einstellung bei *angemessenen* Formen zugrunde liegen. So erfährt es die anderen Menschen und sich in der sozialen und kommunikativen Situation. Dementsprechend zeigt es eine *technokratische* Ansprechbarkeit und einen *störbaren* Beziehungsstil. Diesem liegen eine *engagierte* Form der inneren Bindungsweise zu anderen Lebewesen bei *anfälligen* Gefühlsstrukturen zugrunde. Dazu tragen eine *eigenartige* menschliche Einstellung und die *entwickelten* Lebensformen bei. Die gefühlsmäßige Äußerungsweise erscheint *beschaulich*, und das bei *Wirklichkeitssinn*. Die Bindungen wirken dabei *flüchtig* zusammen mit *Selbstverwirklichungsstreben*. Sobald es um die Auseinandersetzung mit der sozialen Umwelt – nicht nur um die innere – geht, stößt man bei ihm auf *ausgestaltende* Züge auf der Basis von *angemessenen* Strukturen, die letztlich über Auswirkungen in kritischen Situationen entscheiden. Dahinter stehen *unbestimmte* Gestaltungstendenzen und *wenig interessierte* Hingabe an andere. Die Gestaltung der sozialen Beziehungen wirkt dabei *empfindsam* und ihre Zielrichtung *Ausgestaltung*. Das basiert auf einer *uneindeutigen* Struktur bei einer *uneindeutigen* Einstellung gegenüber der sozialen Wirklichkeit. Dabei muß man berücksichtigen, daß dieses System *kaum* und *affizierbar* reagiert und eine *eindeutige* Haltung mit *Bindungsfreiheit* verbindet.

Im Umgang mit den Dingen, Problemen und Aufgaben des

Lebens und des Berufs zeigt es eine zunächst *beherrscht* wirkende Umgangsweise auf der Basis einer *angemessenen* Struktur. Dabei erfaßt es die auf ihn zukommenden Eindrücke *präzise* auf dem Hintergrund einer *angemessenen* Struktur, die in kritischen Situationen den Ausschlag geben wird. Die damit eng verbundene allgemeine Lebenseinstellung erscheint *lebhaft*. Das, was es aufgrund dieser Einstellung erfaßt hat, wird es *unbestimmt* verarbeiten. Das hängt unter anderem mit der *unsteten bis unbefangenen* Stimmungslage auf der Basis von *unauffälligen* Strukturen und der *globalen bis qualitativen* Wahrnehmungsweise zusammen, hinter der seine *eindeutigen* Betrachtungsweisen stehen. Die Art, wie es die Dinge und Situationen sieht und verarbeitet wird dabei im Grunde von einem *geringen* Selbstgefühl und einer *wirklichkeitsnahen* Einstellung zu Dingen und Ereignissen bestimmt, aber auch von der *unvorsichtigen* Grundstimmungslage und dem *ungezwungenen* Streben, die Welt und ihre Forderungen zu berücksichtigen. Der Umgang mit den Situationen, Dingen, Aufgaben und Problemen wird im allgemeinen von einem *eifrigen* Handlungsstil im Rahmen einer *angemessenen* Weltbewältigung geleitet, hinter denen einerseits Züge von *Erlebnisdrang* und andererseits solche von *Unbestimmtheit* wirksam werden. Der auf einer *anfälligen* Basis fußende Arbeitsstil wirkt dementsprechend *zielsicher*. Infolge der bestehenden Orientierungsweise in der Welt entwickelt sich eine *unternehmerische* Handlungsausrichtung, die ihrerseits von *eindeutigen* Formen beeinflußt wird. Bei *inaktiven* eigenen Unternehmungen richten sich die Handlungen vorwiegend auf *Handeln*. Eine *unbestimmte* Art der Selbstbehauptung und der Bewahrung eigener Standpunkte spielt dabei ebenso mit wie ein *anregbares* Streben nach Nähe und Geborgenheit.

Dabei bringt das System eine *beträchtliche* Effektivität zur Organisation gruppeninterner Probleme mit. Das *überdurchschnittlich* ausgeprägte Abgrenzungspotential steht wie die anderen Funktionen im Dienste der aufgezeigten Wesenszüge und wird von ihnen eingesetzt. Bei *extremer* Alternativenwahlkonformität bleibt das System *einheitlich*. Auf dieser Grundlage entwickelt sich eine *ei-*

genwillige Urteilsbildung. Auf die Vielfalt der Eindrücke spricht es *vielseitig* an, wie es dem Code entspricht. Infolge der *markanten* inneren Statuslabilität bleibt das System in seiner Informationsverarbeitung *ansprechbar*. Da es zudem über die Fähigkeit verfügt, *beträchtliche* Handlungskonformität zu entwickeln und *klare* Rollenabgrenzungen zu entwickeln, bildet sich eine *einengende* Handlungsorganisation zur Bewältigung praktischer Probleme heraus. Auf Seiten der assimilierenden, gestaltenden Funktionen finden sich *gut durchschnittliche* Effektivität der Bewältigung gruppeninterner Probleme und *markante* Differenziertheit gegenüber der Umwelt. Der *große* Machtgradient im Innern und das *beträchtliche* Einfühlungsvermögen gegenüber anderen Systemen bergen die Möglichkeit das System von innen auf Umweltveränderungen *ohne Verzögerung* einzustellen. Die *große* Vielfalt der inneren Klassenbildung unterstützt die *ausgeprägte* Differenziertheit des Verständigungscodes und läßt eine *umfangreiche* Verständigungsbasis des Gesamtsystems entstehen. Bei *geringer* Arbeitsteilung im System bietet dieses nach außen *vielerlei* Handlungsmöglichkeiten und damit *flüchtige* Gestaltungsmöglichkeiten insgesamt.

Als Material zur Lebensbewältigung und Informationsverarbeitung stehen insgesamt *alltägliche* Inhalte, dabei
magere lebenspraktische Inhalte
gehobene geistige und wissenschaftliche Inhalte
einzelheitliche Inhalte gesellschaftlicher und weltlicher Art
beschränkte weltanschauliche und ideologische Inhalte
vielseitige kulturelle und sprachliche Inhalte
vielerlei humane, psychologische und pädagogische Inhalte
beschränkte Führungs- und Dominationsinhalte
beschränkte soziale und Serviceinhalte
verstreute Werk-, Kunst- und Qualitätsinhalte
einspurige formale und Ordnungsstrukturen
alltägliche technologische und progressive Inhalte
verstreute ökonomische und Sicherungskenntnisse zur Verfügung.

Zu bedenken sind dabei als hintergründige Störungsquellen dyna-

mischer und struktureller Art:
(γjw):leichte intraversive Turbulenz mit Verfolgungsängsten, inadäquaten Fluchtreaktionen und Unheimlichkeitsaffekten.

-.-

Wenn man diese Beschreibung des Teamsystems betrachtet, erkennt man, daß das System noch im Werden ist, daß es noch nicht ausgereift ist. Das erklärt nicht nur die Störanfälligkeiten und Uneindeutigkeiten, sondern auch die leichte intraversive Turbulenz sowie gewisse Zwiespältigkeiten hinsichtlich der Zielsetzungen. Berücksichtigt man, daß im Laufe der Zeit noch mehrere Personen in dieses Team eintreten werden, so haben die Unbestimmtheiten den Vorteil, daß weitere Impulse einfließen können, aber natürlich bergen sie auch die Gefahr, daß das Team zerfällt, daß es evtl. nur über eine Steigerung des Machtgradienten unter Spannungen zusammengehalten werden kann. Es wird daher sehr darauf ankommen, welcher Art die hinzutretenden Mitarbeiter sein werden.

Erscheinungen von Sozialsystemen

Das sozialpsychologische Spektrum[15]

Wenden wir uns nun wieder den Gruppen und wichtigen Merkmalen derselben zu, so stoßen wir zunächst auf die Tatsache, daß sich im Zuge der Gruppenbildungen im allgemeinen ein Normensystem entwickelt. Dieses Normensystem dient der Gruppe zur Abgrenzung gegenüber anderen und zur Ausrichtung ihrer Mitglieder und des Handelns derselben. Hofstätter spricht in diesem Zusammenhang vom sozialpsychologischen Spektrum. Es umfaßt die Grundanschauungen, die nach innen und außen dem Denken, Reden und Handeln zugrundegelegt werden. Im allgemeinen bilden sie sich im Laufe der Gruppenentwicklung heraus und wandeln sich auch mit den Zeitläufen. Veränderungsraten werden dabei einerseits von den Außenverhältnissen, andererseits sowohl von

[15] der Ausdruck stammt von P.R. Hofstätter aus seiner „Einführung in die Sozialpsychologie" 2. Aufl. Stuttgart 1979

der Gruppengröße (Massenträgheit) als auch von der Rigidität der vorhandenen Normen bestimmt.

Während in kleineren Gruppen die Grundanschauungen im allgemeinen für alle Mitglieder die gleichen sind, kommt es in größeren Gruppen durchaus vor, daß verschiedene Klassen innerhalb solcher Gruppen stärkere Unterschiede der Grundanschauungen aufweisen. Das gilt dann insbesondere für Großgruppen wie Gesellschaften. In solchen Fällen spricht man dann von pluralistischen Gesellschaften oder Gruppen. Je pluralistischer eine Gruppe ist, desto unterschiedlicher werden die Reaktionen in ihr und von ihr. Desto eher wird sie oder werden Teile von ihr zum Konsens mit anderen Gruppen oder Gruppenteilen kommen können und bereit sein. Allerdings ist damit auch die Gefahr innerer Spannungen verbunden, die evtl. zum Zerfall der Gruppe führen können. Am schwierigsten wird dagegen die Verständigung zwischen konformen Gruppen deutlich unterschiedlicher Grundanschauungsspektren. Zwischen ihnen kommt es dann häufig zu gravierenden Konflikten, die starke Widersprüche in sich bergen, die oft in aggressiver Weise zum Ausbruch kommen. So sind die Konfliktherde zwischen pluralistischen Gesellschaften im allgemeinen weniger gefährlich als zwischen konformen. Dabei muß man auf seiten der konformen Gesellschaften scharf zwischen zwei Formen unterscheiden, nämlich den „Gesinnungs"- und den „Zwangs"-Gesellschaften. Während in Zwangsgesellschaften, etwa diktatorischen, meistens größere Gruppen von Dissidenten - wenn auch nicht offen - vorhanden sind, finden sich in Gesinnungsgesellschaften solche kaum und wenn, sind sie ständig an Leib und Leben gefährdet.

Bei den Grundanschauungen unterscheidet man im Sinne des sozialpsychologischen Spektrums von Hofstätter zwischen:

Tabus
Selbstverständlichkeiten
Moden
Verboten

entschuldigenden Krankheiten

Mit ihnen müssen wir uns daher in den folgenden Abschnitten näher beschäftigen, da sie großen Einfluß auf das Gruppengeschehen ausüben.

Tabus

Tabus sind jene Inhalte, die keines der Gruppenmitglieder berühren darf, weder konkret noch sprachlich und abstrakt. Über Tabus spricht man nicht. Das läßt sich in konformen Gruppen durchsetzen und weitgehend einhalten. In pluralistischen Gruppen muß man damit rechnen, daß nicht alle Mitglieder die gleichen Inhalte als Tabus betrachten. Verletzungen der Tabus von Untergruppen können daher hier zu erheblichen Spannungen und Konflikten führen, ohne daß ein solcher Konflikt im Sinne der Tabuisierung wie bei konformen Gruppen gelöst werden kann.

In der klassischen konformen Gruppe bzw. Gesellschaft führt der Verstoß gegen ein Tabu zum Ausschluß des Frevlers. Er wird in Acht und Bann getan, wird für vogelfrei erklärt. Jedes Gruppenmitglied, das ihn antrifft, ist berechtigt, hier und dort auch verpflichtet, den Frevler zu töten, ohne sich damit eines Tötungsdelikts schuldig zu machen. Da in vielen Fällen die benachbarten Gruppen gleiche oder ähnliche Tabus anerkennen, findet der Frevler nur selten Unterschlupf bei anderen, ist also meistens dem Tode geweiht.

In späteren Stadien der menschlichen und kulturellen Entwicklung wirken sich Tabuverstöße oft nicht mehr so gravierend aus, wenn man sich auch darüber klar sein muß, daß die Tabus aufgrund ihrer emotionalen Natur kaum oder nur sehr langfristig zu verändern sind. Erstens finden sich in der Nachbarschaft mehr und mehr unterschiedliche Formen. Zweitens wird es für Frevler leichter, entferntere Gruppengefilde zu erreichen und dort zu überleben. Mit zunehmender Kultivierung der Gesellschaften treten an die Stelle derartiger Formen geschriebene Gesetze nach dem Territorialitätsprinzip[16], die klare Strafen und bestimmte Strafmaße innerhalb der Gesellschaft vorschreiben. Das Tabu in seiner ursprünglichen Bedeutung verliert an Wirkung, wenn innerhalb von Teilgrupppen dieser Gesellschaft informell auch solche Tabus erhalten bleiben und ihre Verletzung zum Ausschluß aus der Teilgruppe führt. Nur vogelfrei wird der Frevler dann nicht, weil derjenige, der ihn töten würde, nach dem Gesetz der Gesamtgesellschaft ein Tötungsdelikt begeht. Damit kommen wir aber schon in den Bereich der Verbote.

Zunächst seien jedoch noch einige Beispiele für Tabus in unterschiedlichen Gruppen genannt:

Gotteslästerung
Nihilismus
Herkunftszweifel
Inzest
Tötungstabu
Sexualinhalte
Bibel
Koran

Verstärkt tauchen Tabutendenzen in jüngster Zeit in fundamentalistischen Kreisen, und das speziell in weniger entwickelten Ländern wieder auf.

Selbstverständlichkeiten

Im Gegensatz zum Tabu, das unberührbar bleibt, umfassen die Selbstverständlichkeiten Inhalte, die durchaus erwähnenswert sind, über deren absolute Gültigkeit aber nicht zu diskutieren ist. Dazu gehört alles das, was man - im Sinne von jedermann - nicht nur tut, sondern auch denkt. So gibt es dann auch heute noch Gruppen, in denen es selbstverständlich ist, daß die Sonne sich um die Erde dreht und diese eine Scheibe ist. Auch teleologische Betrachtungsweisen - im Gegensatz zu kausalen - sind in vielen Gruppen auf dieser Welt selbstverständlich, so daß andersartige Betrachtungs- und Diskussionsweisen für abartig, ja für „idiotisch“ gehalten wer-

---

[16] dieses wird heute teilweise durchbrochen, wenn in fremden Ländern Verstöße gegen eigene Gesetze bei Rückkehr ins Inland verfolgt und bestraft werden.

den, wie es früher einmal in Mitteleuropa auch war. Aber nicht nur grundlegende weltanschauliche Denkweisen, sondern auch alltägliche Handlungsweisen finden sich in den Selbstverständlichkeiten von Gruppen und Gruppierungen. Und was für einen SPD-Anhänger selbstverständlich ist, ist evtl. für einen Parteigänger anderer Art „unsinnig". Und schon ist der Streit entstanden. Diese Selbstverständlichkeiten müssen nichts mit rationalen Erkenntnissen zu tun haben. Im Gegenteil, die meisten Selbstverständlichkeiten in den Gruppen sind emotional geprägt und dementsprechend nur schwer zu verändern, schon gar nicht durch wissenschaftliche Erkenntnisse.

Diese Tatsache spielt insbesondere dort eine wichtige Rolle, wo es darum geht, Minderheiten in Mehrheiten zu integrieren. Dazu müssen die Minderheiten ja ihre Selbstverständlichkeiten aufgeben. Das ist ein sehr langwieriger Prozeß, der meistens Generationen braucht, worüber sich die Politiker in unserem Lande anscheinend nicht klar sind - oder wollen sie es nur nicht sehen? - Damit beschleunigen sie diesen Prozeß aber auch nicht. Sie lösen höchstens eine Scheinintegration aus, die mit verstärkter innerer Abkapselung gegenüber der Mehrheit und deren Vorstellungen einhergeht. Das wiederum verhindert im Endeffekt jede echte Integration. Integration muß einerseits von den Minderheiten gewollt sein, etwa um der Vorteile wegen. Andererseits kommt es nur dort zu Integrationsbemühungen seitens der Minderheiten, wo Nichtintegration mit Nachteilen verbunden ist.

Unter diese Selbstverständlichkeiten fallen nicht nur die Formen und Inhalte der Welt- und Lebensbetrachtung, sondern auch die Art, wie man miteinander umgeht, das ganze alltägliche Zeremoniell ebenso wie die Vorstellungen, die man von den anderen, von fremden Gruppen und Lebensweisen hat. Diese Selbstverständlichkeiten verstellen oft den Blick für Veränderungen, aber sie entlasten auch die Gruppenmitglieder. Sie liefern die Denk- und Handlungsanweisungen für den Alltag. Sie entlasten die individuelle Informationsverarbeitung, die bald überfordert wäre, wenn sie in all diesen Fragen jeweils eigene Erkenntnisse und Handlungsformen entwickeln sollte. Soviel Zeit zum Nachdenken hat kein einzelner Mensch. Das Individuum braucht die Gruppe und ihre Selbstverständlichkeiten zum Überleben.

Verstößt nun ein Mitglied einer Gruppe gegen die geltenden Selbstverständlichkeiten, wird man ihm das mehr oder minder deutlich zu verstehen geben. Man ächtet den Nachlässigen nicht, zumal man davon ausgeht, daß man ihn zu einer Einhaltung der Selbstverständlichkeiten bekehren kann. Wenn aber ein Mitglied immer wieder solche Verstöße begeht, sich auch nicht belehren läßt, aber doch nicht grundsätzlich alle Selbstverständlichkeiten außer Acht läßt, wird er in die Rolle des Außenseiters abgeschoben. Man erklärt ihn gewissermaßen für nicht ganz normal und läßt ihn gewähren, solange er andere nicht gefährdet. Allerdings verträgt jede Gruppe nur einen kleinen Prozentsatz solcher Außenseiter - auf welchem Sektor auch immer -. Wächst dieser Prozentsatz über einen kritischen Wert, wird der Außenseiter ausgeschlossen, verliert er seine Mitgliedschaft mit allen ihren Konsequenzen.

Moden

Sicher, Moden sind auch so etwas wie Selbstverständlichkeiten, aber keine grundlegenden, sondern sich wandelnde, zeitahängige. Das heißt aber nicht, daß man sie einfach ignorieren kann. Wer zur Gruppe gehören will, der muß auch die augenblicklichen Zeitströmungen mitmachen, selbst wenn sie ihm widersinnig erscheinen. Im Gegensatz zu den Selbstverständlichkeiten kann er über die gerade herrschenden Moden auch diskutieren, ohne in Schwierigkeiten zu geraten. Und auch über die eine oder andere Modeerscheinung kann sich das Mitglied hinwegsetzen, ohne daß daraus ein Abdrängen in eine Außenseiterrolle folgen muß.

In pluralistischen Großgruppen werden Untergruppen oft gerade durch ihre Moden erkennbar. Unterschiedliche Modetrends vom Haarschnitt über die Kleidung bis hin zur außerberuflichen Betätigung treten hier hervor. Und wer genauer hinsieht, wird bald erkennen, welche Gruppen sich durch welche Modeerscheinungen zu profilieren versuchen. Allerdings wechseln diese Erscheinungsbilder dann auch oft sehr schnell. Und was heute in der einen Untergruppe Mode ist, hier morgen schon durch etwas anderes abgelöst wird, dient dann morgen einer anderen Untergruppe zur Kennzeichnung.

Auf längere Sicht entwickeln sich aus Moderichtungen hier und dort dann auch Selbstverständlichkeiten. Vielleicht liegt hierin eine Chance zur einer schnelleren Assimilation fremdartiger Gruppen in eine pluralistische Gesellschaft.

Verbote

Je größer die Gruppen und Gesellschaften wurden, um so weniger konnten sie von einheitlichen Tabus und Selbstverständlichkeiten ausgehen, um so mehr mußten sie regeln. So entstanden zunächst ungeschriebene und schließlich geschriebene Gesetze, die das Zusammenleben regelten. Und damit verbunden waren dann auch Vorschriften für das, was erlaubt bzw. verboten war. Gleichzeitig mit diesen Gesetzen wurden Institutionen geschaffen, die die Einhaltung der Vorschriften zu gewährleisten hatten. So bildeten sich Polizei und Gerichte in professioneller Form heraus. Sie überwachten vor allem die Einhaltung der Verbote und verhängten bei Verstößen Strafen, die mehr oder minder präzise in den Vorschriften vorgeschrieben waren. Diese Strafen waren gegenüber und in der Gesellschaft zu leisten.

Die Strafen traten an die Stelle der Ächtung sowie der Zuteilung von Außenseiterrollen bzw. des Ausschlusses. In kleineren Gruppen, wie Vereinen werden solche Strafen in den Statuten ebenfalls vorgesehen, bleibt aber die Möglichkeit des Ausschlusses erhalten. Die Gesellschaften sehen teilweise eine Möglichkeit der Ächtung durch Aberkennung der bürgerlichen Rechte oder Ehrenrechte vor, die aber nichts mit Vogelfreiheit zu tun hat.

Während die Gesellschaften in Form der Staaten die Möglichkeit einer Vielzahl von Strafarten haben, wie etwa Haft, erschwerte Haft, Geldbußen, „Strafarbeiten“, Entzug von Erlaubnissen usw., beschränken sich die Strafarten bei Untergruppen auf

Geldbußen, hier und dort noch Strafarbeiten und den möglichen Ausschluß. In manchen informellen Gruppen, besonders krimineller Art, stößt man dann wieder auf primitive Strafformen.

Krankheiten

Krankheiten haben für Gruppen keineswegs die Bedeutung, die wir ihnen in unserer individualisierten Welt zuschreiben. Krankheiten sind hier einmal als „Unfähigkeit“ Gruppennormen zu erfüllen und zum anderen als „Gefährdungen“ der Gruppenmitglieder von Bedeutung. Das heißt aber auch, daß medizinische, wissenschaftliche Erkenntnisse zur Krankheit und zum Krankheitsgeschehen wenig oder gar keine Bedeutung haben. Es geht nicht darum, ob der Mensch im ärztlich-medizinischen oder psychologisch- therapeutischen Sinne krank ist. Es geht vielmehr darum, ob das Gruppenmitglied an einer Störung leidet, die nach „Meinung“ der Gruppe ihn entschuldigt, Verbote nicht eingehalten zu haben oder Selbstverständlichkeiten nicht beachtet zu haben. Es geht also letztlich um das, was in der BRD der § 20 StGB regelt. In einem solchen Falle wird ihm von der Gruppe bzw. ihren Institutionen eine „Regelung“ auferlegt, er aber von der vorgesehenen Strafe mehr oder minder verschont. Diese Regelung kann die Behandlung durch den Medizinmann, einen Arzt oder Therapeuten ebenso sein, wie das Wegsperren, wenn Wiederholungsgefahr droht.

Rechnet die Gruppe damit, daß der „Täter“ aufgrund seiner „Krankheit“ für andere Mitglieder und deren Verhalten eine Gefahr darstellt, so wird die Gruppen dafür sorgen, daß er mit den anderen nicht mehr in Berührung kommt. Sie wird ihn also entfernen oder wegsperren, wenigstens bis zur „Ausheilung der Krankheit“.

Während diese Situation in der Gesellschaft der BRD durch den erwähnten Paragraphen und entsprechende weitere gesetzliche Vorschriften geregelt ist, finden sich in Untergruppen völlig andere Regeln und Maßnahmen. Dazu braucht man nur an die unterschiedlichen Gepflogenheiten in verschiedenen Unternehmen beim Umgang mit Fehlzeiten zu denken. Sicher, rechtlich sind sie an die Vorschriften gebunden. Das ändert aber nichts daran, daß hier und dort ein krankgeschriebener Mitarbeiter solange als Simulant angesehen wird, solange er nicht mit dem Kopf unterm Arm daherkommt. Entsprechend sind dann auch die Reaktionen der anderen Betriebsmitglieder, während in anderen Unternehmen vernünftigerweise darauf geachtet wird, daß auch leichte grippale Infekte ausgeheilt werden, bevor der Erkrankte andere anstecken kann. Doch das nur als Beispiel für unterschiedliche Begriffe zur „entschuldigenden Krankheit" in verschiedenen Gruppen in heutiger Zeit.

Prozesse

Im Zuge der Gruppenbildung sind eine Reihe von Prozessen zu beobachten, die für das Innenleben und die Begegnung mit der Außenwelt erhebliche Bedeutung gewinnen, denn sie bestimmen die Einzigartigkeit der betreffenden Gruppe. Sie stellen wichtige Unterscheidungsmerkmale gegenüber anderen Gruppen her und ergänzen die von seiten des sozialpsychologischen Spektrums bestimmten Grundanschauungen. Dazu gehören dann unter anderem:
syntaktische Innenkomponenten
syntaktische Außenkomponenten
Techniken des Umgangs und der Beeinflussung

Innere Strukturbildung

Jede Gruppe enthält in ihrem Bildungsprozeß den Keim einer besonderen Eigenstrukturbildung. Das betrifft einmal die Grundanschauungen, gewissermaßen in Form des Grundprinzips und damit auch schon die Frage der Konformität als Strukturkennzeichen. Daneben findet man zugleich Hinweise auf die späteren Machtverhältnisse, sei es im Vergleich der sich zusammenschließenden Personen, sei es in der Begründung der Formalgruppe selbst.

Von hier aus entwickeln sich dann weitere organisatorische Funktionen, etwa die Rollen und die Rollenverteilung. Das heißt die Aufgaben der Gruppe werden mehr und mehr explizit formuliert bzw. gestellt und die Träger dieser Aufgaben bestimmt. Damit wird den Mitgliedern zugeteilt, was man von ihnen erwartet, welches Verhalten die Gruppe von ihnen verlangt. Um Überschneidungen und Doppelbesetzungen zu vermeiden, werden diese Rollen - entstanden im Zuge der Arbeitsverteilung - dann mehr oder minder scharf gegeneinander abgegrenzt, sowohl von den Aufgaben her als auch von den damit verbundenen Kompetenzen und der Bedeutung innerhalb der Gruppe. Damit sind dann die Grundlagen für das Organisationsniveau der Gruppe gelegt, das man nach dem Prozentsatz der Rolleninhaber bestimmen kann, die eine spezielle Stellung in der Gesamtgruppe einnehmen[17]. Im Gefolge dieser Festlegungen, die im Laufe der weiteren Gruppenentwicklung durchaus veränderbar sind, bestimmt sich dann auch die Vielfalt der Inhalts- und Niveaugruppen, die man als Klassenvielfalt bezeichnen kann, ebenso auch, wie starr die Mitglieder an ihre Klasse gebunden sind, d.h., welchen Grad von Klassendurchlässigkeit, von Auf- und Abstieg sowie Quereinstiegen den Mitgliedern zugestanden wird. Das Ergebnis sind dann im Sinne des Modells einmal PV, also das Potential zur Bewältigung gruppeninterner Probleme, also der innere Organisationsgrad, zum anderen PI das Ordnungs- und Kohäsionspotential, das der Gruppe intern zur Verfügung steht.

Bestimmt von den Werten des sozialpsychologischen Spektrums und den inneren Potentialen entwickeln sich darüber hinaus Funktionen für den Umgang mit der Außenwelt. Und dazu gehört zunächst einmal das „Fingerspitzengefühl", Verständnis oder Einfühlungsvermögen gegenüber der Umwelt, insbesondere auch der Umwelt der anderen Gruppen. Ist dieses hoch, erleichtert es der Gruppe, die Belange in der Umwelt zu erfassen, würde sie jedoch zum Spielball der Umwelt machen, wenn nicht gleichzeitig genügend Entscheidungskonformität vorhanden wäre. Ähnliches gilt für Code und Handlungsweisen, einerseits hilft Differenziertheit zur Vielfalt der Möglichkeit, andererseits birgt sie die Gefahr der Zersplitterung der Kräfte. Dem wirken dann Konformitätszüge entge-

[17] vgl. Delay/Pichot: Medizinische Psychologie, S. 322; dtv Ausgabe 1970

gen. Und so bilden sich PF als Außenwirkungspotential und PW als Abgrenzungspotential der Gruppenorganisation aus.

In diesem Sinne wirken sich die Grundmerkmale der Gruppen auf ihre Mitglieder und deren Verhalten - speziell im Gruppengeschehen, hier und dort auch außerhalb der Gruppe aus. Das heißt aber, daß man sorgfältig zwischen der Persönlichkeit der Individuen und deren Verhalten oder X-Verhaltensperson im Einflußbereich der unterschiedlichen Gruppen, denen es sich im Augenblick des Tuns zugehörig fühlt, unterscheiden muß. Das bedeutet auch, daß man nach Wegen suchen muß, bei bekannter Persönlichkeit das X-Verhalten als Mitglied einer Gruppe X zu beschreiben, doch darüber später mehr.

Für das Verhalten und die Wirkungen von Gruppen spielt der Informationsfluß eine beträchtliche Rolle. Die unterschiedlichen Informations- und damit Kontaktwege üben erheblichen Einfluß im inneren Gefüge der Gruppen aus. Geht der Informationsfluß zudem nur jeweils in einer Richtung, so besteht für die Führung die Gefahr der Erblindung..., weil keine Reaktion folgt, aber auch die der Demotivation auf seiten jener, die von der Informationsabgabe bzw. -ausgabe ausgeschlossen werden.

Zu bedenken ist in diesem Zusammenhang auch die Kommunikations- und Informationsgestaltung. Dabei geht es nicht nur um die sprachliche Verständigung, sondern auch um nichtsprachliche Ausdrucksformen, die der Gruppe sehr häufig auch zur Abgrenzung gegenüber anderen Gruppen dienen. Bei allen Ähnlichkeiten auf dieser Ebene doch auch immer wieder deutliche Unterschiede, die gruppentypisch sind.[18]

Gruppendynamische Wirkungen

Eine besonders intensiv untersuchte - meistens allerdings nur in Kleingruppen - Wirkung der Gruppenbildung sind die sog. gruppendynamischen Prozesse. Dazu gehört die Gruppenentscheidung.

---

[18] vgl. Eibl-Eibesfeld: Die Biologie des menschlichen Verhaltens, 3. Aufl. S. 596ff

Eine solche Gruppenentscheidung beeinflußt das Verhalten der Gruppenmitglieder tiefgreifender als eine individuelle Beeinflussung der einzelnen Personen. Und soweit die Gruppenmitglieder annähernd gleich befähigt sind, ist die Entscheidung der Gruppe im allgemeinen der Entscheidung einer einzelnen Person überlegen, sobald es sich um sog. Bestimmungsprobleme handelt.

Hier und dort erweist sich die Produktivität einer Gruppe der Summe der Produktivitäten von Einzelpersonen überlegen, wobei die Gruppennormen und Grundanschauungen in der Gruppe von erheblicher Bedeutung sind. Voraussetzung ist auch, daß das Kommunikationsnetz ungestört ist und jedes Gruppenmitglied optimal arbeitet. Das aber ist keineswegs gewährleistet, zumal in der Gruppe der Tatbestand des *sozialen Bummelns*[19] wirksam wird, und zwar bei männlichen Gruppenmitgliedern eher als bei weiblichen. Es wächst das soziale Bummeln mit wachsender Gruppengröße. Hierbei kommen dann häufig auch leistungsdämpfende Normen informeller Gruppenbildungen und - selbstverständlichkeiten hinzu.

In Bezug auf andere Gruppen wird die eigene zur „Wir"-oder In-Gruppe, die andere zur Out-Gruppe. Dabei findet eine sog. In-Group-Verzerrung statt, bei der die eigene Gruppe als die bessere und überlegenere erlebt wird. Das hat nichts mit Rassenhaß usw. zu tun, sondern ist in unserem Instinktapparat so angelegt. Zimbardo führt dazu aus[20]: „Dieses Experiment und andere Untersuchungen zeigen, daß es ausreicht, Menschen nach willkürlichen Kriterien in verschiedenen Gruppen zu kategorisieren, um eine Änderung der Einstellungen zu verursachen. Sie beginnen, die eigene Gruppe, die in-group zu bevorzugen und als überlegen zu betrachten, und sie entwickeln Feindseligkeit gegenüber der outgroup, die als minderwertig wahrgenommen wird." Damit kommt es zu den bekannten Abgrenzungsbestrebungen zwischen Gruppen, sei es durch Hervorhebung unterschiedlicher sozialer Normen,

[19] vgl. Zimbardo: Psychologie, 6. Aufl. S. 725
[20] Zimbardo a.a.O. S. 729

durch Umdefinitionen des Bekannten, durch verzerrte Betrachtungen der Rollenverhältnisse in der In- und der Out-group sowie durch vermehrte Stereotype als Kennzeichnung der anderen Gruppe und auch durch Sprache und Kommunikationsweise.

Dementsprechend werden zum Zwecke der Selbstbehauptung Gruppennormen variiert, auch Grundanschauungen anders als bisher akzentuiert. Darüber hinaus kommt es zu Abwertungen der Out-group und ihrer Mitglieder bis hin zu einer Dehumanisierung als Basis für: „antisoziale Verhaltensweisen werden für normale aufrechte und idealistisch eingestellte Menschen dann möglich, wenn sie aufhören, andere als Wesen wahrzunehmen, die gleich ihnen Gefühle, Gedanken und Ziele im Leben haben. Solch eine psychische Verneinung menschlicher Qualitäten wird als **Dehumanisierung** bezeichnet."[21] Diese Dehumanisierung kann sozial auferlegt werden, etwa dadurch, daß Namen durch Nummern ersetzt werden, kann der Selbstverteidigung dienend zur Vermeidung schmerzhafter Emotionen und innerer Belastung entwickelt werden oder aber - wie besonders häufig in der Politik - zur Entwicklung eines Feindbildes von der Führung als Mittel zum Zweck eingesetzt werden. Das zeigt auch ein gezielter Blick auf eine Vielzahl sog. „parlamentarischer Untersuchungsausschüsse".

Eng damit verbunden ist dann auch die Tendenz zur Entindividuation der Mitglieder einer Gruppe. „Als Deindividuation werden bei einer Person der Zustand und der Prozeß, die der Individuation entgegengesetzt sind, bezeichnet, also die Reduzierung der Selbst-Identifizierbarkeit und Selbstaufmerksamkeit."[22] Dieser Prozeß erfolgt einmal im Zuge von Verantwortlichkeitshinweisen im Zuge der Anonymisierung, die ihrerseits die Aggressivität des Verhaltens nach außen steigert, aber ganz allgemein die emotionale Ausdrucksweise fördert. Auch durch gesteigerte emotionale Erregungen, Drogen, Hypnose, rituelle Tänze und Riten können solche

[21] Zimbardo: a.a.O. S. 718
[22] Zimbardo: a.a.O. S. 717

Erscheinungen gefördert werden, indem die Selbstaufmerksamkeit reduziert wird.

Nicht zu übersehen ist dabei die Territorialität des menschlichen Verhaltens an sich, die auch das Verhalten der Gruppen gegenüber anderen bestimmt. Ein großer Teil der Säugetiere besetzt und verteidigt ihre Reviere, ein Verhalten, das auch dem Menschen von Natur aus eigen zu sein scheint, und zwar einerseits zwischen den verschiedenen Stämmen und Gruppen, andererseits aber auch innerhalb der Gruppen[23]. Derartige Verhaltensformen mögen auch den Straßenkämpfen der Kinder- und Jugendgruppen zugrunde liegen. Und sobald Fremde ungefragt in das eigene Territorium eindringen, entstehen Spannungen, die der Fremde evtl. durch besonders friedfertiges und freundliches, ja devotes und bittendes Verhalten zu dämpfen vermag, die aber auch unmittelbar zu feindlichen Reaktionen führen können. Derartige Tendenzen finden sich nicht nur bei einfachen Strukturen, sondern auch zwischen Staaten und selbst in Großstädten und Ballungsgebieten. Und es ist für Neuankömmlinge nicht leicht, in einer strukturierten Nachbarschaft oder einem in sich geschlossenen Quartier Fuß zu fassen.

Gruppenarten

Die Gesellschaften

Großgruppen besonderer Art stellen die Gesellschaften der Staaten dar. Auch sie sind eine organisierte Teilmenge von Menschen, wenn auch eine gewachsene. Dabei kann dieses „Wachstum“ durchaus das Ergebnis kriegerisches Auseinandersetzungen und sog. Beutefeldzüge mit allen ihren Begleiterscheinungen sein. Eine besondere Form stellen dabei die Nationalstaaten dar, die allerdings in reiner Form heutzutage kaum noch bestehen, wenn sie sich auch als solche bezeichnen. In den meisten Fällen bergen Sie mehr oder minder

---

[23] vgl. Eibel-Eibesfeld: Biologie... a. a. O. A. 455 ff

große Minderheiten fremder Nationalität und häufig gehören Menschen ihrer Nationalität als Minderheiten anderen Nationalstaaten an.

Als ein wesentliches Kennzeichnen der nationalstaatlichen Gesellschaften kann das Vorhandensein einer gemeinsamen Sprache betrachtet werden, was allerdings nicht ausschließt, daß in Untergruppen konforme Dialekte das Bild beherrschen. Dort, wo die Gemeinsamkeit lediglich darin besteht, daß eine einheitliche Amtssprache besteht oder Pflicht ist, kann man kaum noch von nationalstaatlichen Gesellschaften ausgehen. In diesen Fällen wird die „Einheit" im allgemeinen vom Machtfaktor bestimmt, bei dessen Ausfall mit einem Zerfall solcher Gesellschaften in viele Einzelgesellschaften zu rechnen ist.

Gesellschaften als Großgruppen entwickeln ihren Anschauungen entsprechende Organisationsformen, die in Verfassungen, Edikten, Verordnungen und Gesetzen fixiert sind. Auf diese Weise bestimmen sie auch die öffentlichen Informationswege und vielfach auch die Informationsinhalte und Informationsformen für ihre Mitglieder. Sie bestimmen, was selbstverständlich und was verboten ist, verfügen, welche Krankheiten wann als Entschuldigungen gewertet werden können. Daß dieses nicht immer im Sinne der Menschenrechte individualistisch betonter westlicher Demokratien erfolgt, ergibt sich häufig schon aus der Historie solcher Gesellschaften. Man muß sich dabei stets darüber klar sein, daß die Mentalität der Mitglieder von Gesellschaften sich im historischen Ablauf entwickelt hat und sich nun auch in den Formen und Vorstellungen der jeweiligen Gesellschaften niederschlägt. Die griechische Antike und die mitteleuropäische Renaissance haben nicht überall stattgefunden.

Kritischer ist die Situation dort, wo nicht-nationale Gesellschaften vorhanden sind, wo unterschiedliche Nationalitäten in einer Zwangsgesellschaft vereint sind, wo letztlich die Mentalitäten ganzer Menschengruppen übergangen werden. Hier kommt Freiheitsforderungen von außen ihre Berechtigung zu, wenn das auch immer noch nicht heißen muß, daß westliche Individualisierungsforderungen erhoben werden können. Lediglich die Freiheit des Individuums, sich eine andere, ihm gemäße Lebensgruppe zu suchen, könnte als Forderung berechtigt sein, wenn sich das wählende Individuum darüber klar ist, daß es im Zuge des Gesellschaftswechsels auch die Inhalte des dort geltenden sozialpsychologischen Spektrums akzeptieren und übernehmen muß. Integration heißt nämlich grundsätzlich Übernahme der „Eigenschaften" der Gesellschaft, in der man lebt oder leben will. Wer das nicht will, aber doch in der Gesellschaft bleiben will, muß damit leben, ohne Anerkennung und Anschluß die geltenden Formalien zu erfüllen.

Während pluralistische Gesellschaften ihren Mitgliedern große Freiheiten einräumen, soweit es um deren Vorstellungen vom Leben und deren Weltanschauungen angeht, solange nur die grundlegenden Selbstverständlichkeiten und Tabus sowie die formalen Bedingungen der Gesellschaft eingehalten werden, muß man bei konformen Gesellschaften davon ausgehen, daß den Mitgliedern fixierte Ideologien „vorgeschrieben" werden, daß das Verhalten der Mitglieder - auch im Alltag - festgelegt wird. Eine allgemeine Uniformierung wird dabei sichtbar, individuelle Regungen werden vielfach unterdrückt und müssen verdrängt werden, wenn sie nicht in „Geheimbünden" geäußert werden können. Und das gilt auch für Gruppen solcher Gesellschaften, wenn sie in andersartigen Gesellschaften leben.

Solche konformen Gesellschaften benötigen zur Sicherung ihrer Konformität meistens einen ausgefeilten Überwachungsapparat, der sich als Institution oft verselbständigt und damit zu einer Unterdrückung der Mitglieder führt. Dabei kommt es dann zum Gesinnungsterror und weiteren Formen des Terrors gegenüber einzelnen Mitgliedern bzw. Mitgliedergruppen, was evtl. Anlaß zur Einmischung von außen im Namen der Humanität gibt. Dabei muß man nicht immer an staatliche Institutionen denken, vielfach sind das auch religiöse Instanzen oder Geheimbünde.

Derartige Konformismen treten aber auch in pluralistischen westlichen Gesellschaften auf, wenn ideologisch-fixierte Parteien in der Demokratie ans Ruder kommen, deren Ideologien zwar von 50 bis 60% der Gesellschaftsmitglieder geteilt werden. Zu leicht verfallen sie dann der Versuchung, die Gesetzeslage in Richtung auf ihre eigenen Ideologieziele zu verändern und den übrigen 40 bis 50% Schaden zuzufügen. Diese Verfahrensweise bringt jedoch Widerstände hervor, die im Laufe der Zeit zu einer inneren Spaltung der Gesellschaft beitragen können. Auch besteht die Gefahr, daß die Elite, die in den meisten Fällen darunter leiden muß, im Laufe der Zeit in andere Gesellschaften auswandert oder zumindest innerlich die Mitgliedschaft aufkündigt und die Gesellschaft damit wesentliche Reserven verliert.

Das kann bis zum Abstieg und Bankrott einer solchen Gesellschaft führen. Das um so mehr, je mehr Gleichmacherei und Nivellierung mit den Maßnahmen verbunden sind. Auch muß man in solchen Situationen damit rechnen, daß sich Formalgruppen innerhalb der Gesellschaft bilden, denen es darauf ankommt, sich abzuheben, ihre Besonderheit zu demonstrieren und vor allem all jene auszuschließen, die von den erwähnten Maßnahmen profitieren. Auf diese Weise entstehen Clubs und „Kasten", die zur inneren Aufteilung der Gesellschaft führen, deren Existenz gerade die erwähnten Mehrheiten zu verantworten haben.

Ebenso muß man umgekehrt im Falle der Herrschaft solcher Kasten mit dem Aufstand der „Unterprivilegierten" rechnen, was zu einer Zerreißprobe für die Gesellschaft werden kann, was u.U. dann zur Ausbildung zwangskonformer Gesellschaften mit ihrem Überwachungsapparat zu führen vermag, wie wir es im zaristischen Rußland 1917 beobachtet haben, wobei dann zudem psychologische Massenreaktionen zu den bekannten Auswüchsen führen.

Gruppen innerhalb der Gesellschaft

Formale Gruppen

Wie schon angedeutet, sind die meisten westlichen Industriegesellschaften pluralistischer Natur. Dementsprechend bestehen Sie aus einer Vielzahl unterschiedlicher Gruppen. Soweit diese Gruppen organisierte Teilmengen von Menschen sind, demzufolge auch zielgerichtet und zweckhaft orientiert sind, handelt es sich um Formal- oder Sekundärgruppen. Zu diesen Formalgruppen gehören alle Zweckverbände, alle Wirtschaftsunternehmen, Vereine, aber auch die Kirchen und viele Institutionen, wie Schulen, Hochschulen, Innungen usw.. Die meisten dieser formalen Gruppen verfügen über eigene Statuten, die einerseits Führung und Organisation festlegen, andererseits aber auch die wesentlichen Selbstverständlichkeiten und Gebote bzw. Verbote aufweisen und hier und dort auch evtl. Vergehen und ihnen zugeordnete Strafmaßnahmen erkennen lassen.

Nicht übersehen darf man dabei allerdings, daß neben diesen formalen Ordnungen in den meisten Fällen auch noch informelle Faktoren am Werke sind, die oft großen Einfluß ausüben, aber nur mit viel Mühe aufgedeckt und offengelegt werden können. Das bedeutet, daß im Hintergrund formaler Gruppen Normen und Kräfte am Werke sind, deren Aktualität häufig von der Führung der formalen Gruppen übersehen wird. Natürlich wundern sich diese Führungen dann, wenn es bei formalen Änderungen zu Komplikationen kommt und u.U. ein großer Teil der Mitglieder renitent wird bzw. das scheinbar sinkende Schiff nach und nach verläßt, weil es nicht mehr jene Gruppe ist, der er sich verpflichtet fühlte. Auch passive Resistenz tritt in solchen Augenblicken dann aus eben solchen Gründen in Erscheinung.

Eine geschickte Führung bereitet daher derartige formale Änderungen von langer Hand und gewissermaßen inoffiziell vor. Ein systematisches Informationswesen innerhalb solcher Organisationen hilft dabei, und das oft durch gestellte Diskussionsbeiträge und Diskussionsberichte, aber auch durch Vorträge über Prinzipien, Zukunftstrends usw.. Dabei machen sich die Empfänger als Mitglieder der Formalgruppe oft gar keine Gedanken über die Inhalte und deren Bedeutung für ihr eigenes Schicksal und das Schicksal der von ihnen besetzten Rollen. Nur nach der Umstellung erkennen sie dann ihre eigenen Versäumnisse und sind dann vielfach nicht geneigt, die Schuld auf sich zu nehmen. Wichtig für die Führung ist dabei eine geeignete Gestaltung der Informationswege (s.o.).

Eine besondere Rolle spielen solche Formalgruppen heute im Betriebe als halbautonome und Projektgruppen[24]. Das bedeutet zugleich, daß die Lenkung bzw. Führung von Systemen höherer Ordnung ein sehr komplizierter Vorgang ist, der nicht allein aufgrund der Kenntnis der Verknüpfungsalgorithmen zu bewältigen ist. Es müssen hierzu alle Aspekte des Systems definiert sein. So ist, um nur Beispiele anzuführen, ein beharrendes System anders zu lenken als ein expansives, wenn es Erfolg haben soll, ebensolche Unterschiede ergeben sich dort, wo primär geistige oder physische Bedürfnisse wirksam werden. Gleiches gilt für Unterschiede auf der Inhaltsseite, wobei nicht nur die betroffene Leerstelle, sondern auch die Inhalte selbst und ihre Unterschiede wesentlich sind, zumal sie in hohem Maße das sozialpsychologische Spektrum beeinflussen. Dabei darf man nicht nur die aufgabenbezogenen Inhalte der Mitglieder beachten, man muß auch die außerfachlichen Erfahrungen, Kenntnisse und Vorstellungen der beteiligten Teilsysteme einbeziehen, was den Führenden oft sehr schwer fällt. Ob der Führende in einem solchen System höherer Ordnung in der Lage ist, sich auf diese unterschiedlichen Gegebenheiten genügend einzustellen, sie zu erfassen und einzubeziehen, ist naturgemäß auch eine Frage der Besonderheit seines eigenen Informationsverarbeitungssystems. Das bedeutet, daß die Eignung eines Menschen zur Führung eines derartigen Systems höherer Ordnung nicht nur von seinen Eigenschaften und Strukturen, sondern auch von jenen des Systems ab-

[24] Dabei beachte man, daß sich darin meistens Primärgruppen bilden, worauf weiter unten eingegangen werden wird.

hängt. Daraus folgt, daß Führungseignung nicht an sich, sondern nur in Beziehung zum jeweiligen Führungssystem besteht und bestehen kann. Das entspricht den Ergebnissen einer Vielzahl experimenteller Studien. Führerpersönlichkeit und Systemeigenart müssen folglich zueinander passen, wenn gewünschte Effekte nicht ausbleiben sollen.

Einen einfachen Algorithmus zur Bestimmung der Führungseignung einer Person bezogen auf ein System höherer Ordnung besteht auf der psychophysischen Ebene noch nicht, wenn es ihn überhaupt gibt, woran im Hinblick auf die bisherigen Erkenntnisse zu zweifeln ist. Man kann also für derartige Zwecke zunächst einen Systemvergleich wie im Falle zweier Individualsysteme vornehmen, wenn man eine Ergänzung hinsichtlich der Verknüpfungsalgorithmen des Systems höherer Ordnung vornimmt, muß dann aber dieses Ergebnis noch einmal unter Beachtung des Systemziels und der notwendigen Überlegenheit bzw. Zielrichtung des führenden IVS prüfen.

Diese Folgerungen zeigen zugleich, daß es ein ideales Führungsverhalten und damit eine ideale Führungspersönlichkeit wie auch eine ideale Führungsweise nicht gibt und nicht geben kann, sondern beide jeweils dem zu führenden System adäquat sein müssen. Das entspricht den Erfahrungen und Beobachtungen der Praxis und widerspricht allen Forderungen, die in der Führungs- und Managementliteratur immer wieder erhoben werden, wenn dort von idealen oder erforderlichen Führungsverhaltensstilen gesprochen wird. Das heißt zugleich, daß Führungsorganisation genaue Analysen der Führungsperson, der zu führenden Systeme und des jeweiligen Umfeldes erfordert. Vom psychologischen und entwicklungspsychologischen Standpunkte her kann man dabei nicht übersehen, daß die meisten heute bestehenden Gesellschaften nicht gesund sind. Eine nähere Bestimmung ihrer Krankheiten und Krankheitsformen dürfte Voraussetzung für eine Gesundung sein. Allerdings geht es dabei den Systemen höherer Ordnung nicht viel anders als vielfach den individuellen IVS. Sie sehen den Splitter im

Auge der anderen, aber nicht den Balken im eigenen Auge. Sie halten sich stets für gesund, was nicht nur Gefahren für ihre eigene Existenz, sondern in gleichem Maße solche für die Gesundheit ihrer Mitglieder und die Existenz der anderen Systeme höherer Ordnung birgt. Im Zuge solcher Analysen ist es nicht immer leicht zu ermitteln, ob die Störungen im Gesamtsystem oder in seinen Teilsystemen liegen. Hierzu ist eine systematische und vollständige Analyse der Teilsysteme und Untersysteme für sich sowie des Gesamtsystems für sich erforderlich.

Die obigen Darlegungen haben uns gezeigt, daß Formalgruppen einerseits im Laufe langer Zeiträume entstehen und geformt werden, oft aus informellen Gebilden, daß sie aber auch geschaffen und konstruiert werden. Letzteres meistens innerhalb von existierenden Gesellschaften. Und erst in neuerer Zeit kommt es zur Bildung von Formalgruppen über mehrere Gesellschaften hinweg, etwa in Form multinationaler Unternehmen, aber auch als übernationale Vereinigungen (Green Peace usw.). Wir stehen hier im Zuge der Globalisierung anscheinend am Anfang völlig neuer Entwicklungen, die aber durchaus auch zu neuen Spannungen und zu Abwehrreaktionen - etwa der bestehenden Gesellschaften - führen können[25]. Zumindest ist diese Entwicklung noch nicht abschätzbar, zumal man es hier ja auch mit chaotischen Systemen zu tun hat, so daß Kleinigkeiten zu massiven Auswirkungen führen können.

Sicher spielt in diesem Zusammenhang das Internet auch eine wichtige Rolle. Es ist daher zu überlegen, das ziemlich wirre Gebilde des Internets in geordnete Formen zu bringen bzw. ein formales Internet dem bisherigen zur Seite zu stellen. Das würde allerdings voraussetzen, daß sich die bestehenden Gesellschaften auf Standards und Organisation eines solchen einigen und eine Institution finden, die diese überwacht und Verstöße „ahnden“ kann. Ob das schon in absehbarer Zeit gelingen kann, erscheint mir fraglich.

---

[25] wie etwa die Tumulte in Genua gezeigt haben.

Viele Formalgruppen innerhalb einer Gesellschaft werden von derselben in Form von Institutionen geschaffen. Dazu gehören Schulen, Hochschulen usw., dazu gehören Berufe und Arbeitsformen, die dann wieder die Gründung neuer Formalgruppen auslösen. Auch die Ergebnisse der Forschung führen zur Schaffung neuer Formalgruppen, wie sich bei den Unternehmen insbesondere der Informationstechnologie heute deutlich abzeichnet.

Daneben finden sich Formalgruppen, die eine Folge der Gesetze und Statuten der Gesellschaften sind. Dazu gehören in den Demokratien die Parteien, aber auch die Gewerkschaften und Arbeitgeberverbände. Immer muß man sich aber darüber klar sein, daß alle diese Formalgruppen wieder in Untergruppen, aber auch in Primärgruppen gegliedert sind, so daß in ihnen allen neben der formalen Organisation eine informelle Organisation besteht, die oft genug nicht genügend beachtet wird und die formale Organisation dann ganz plötzlich überschwemmen und überrennen kann.

Nun gibt es eine Reihe von formalen Gruppen, die sich im Laufe der Jahrzehnte und Jahrhunderte herausgebildet haben, teilweise auf dem Boden von Primärgruppen. Dazu gehören die Gemeinden, dazu gehören die Landsmannschaften und Bezirks- und Städtegruppen. Diese sind gleichzeitig Sprachfamilien, die sich schon dadurch von ihrer Umgebung abheben und es Fremden erschweren, in sie einzudringen. Derartige Gruppen bilden sich auch in kleinerem Maßstabe als Berufsgruppen, Standesgruppen usw. heraus. Und auch hier spielen Vorstellungen, Rituale und vor allem Spracheigentümlichkeiten eine wichtige Rolle.

Dieses wirkt sich dann wieder auf die übergeordnete Gesellschaft aus und führt oft zu Spannungen innerhalb derselben wie auch den Formalgruppen, in denen sich Mitglieder aus unterschiedlichen Landsmannschaften, Berufsständen usw. finden. Das kann soweit gehen, daß die Leitung eines Unternehmens mit Werken in unterschiedlichen Landsmannschaften peinlich genau darauf achten muß, daß Führungskräfte stets aus der gleichen Landsmannschaft stammen wie die Belegschaft, weil sonst die informelle Organisation zu schweren Beeinträchtigungen führt.

Es erweist sich daher oft als schwierig, die Bildung und Entwicklung derartiger Formalgruppen nachzuvollziehen, um zu einem besseren Verständnis des Systems zu finden.

Primärgruppen und Primärorganisationen

Der Begriff der „Primärgruppe" ist im deutschen Sprachraum nicht so üblich, eher wird von informellen Gruppen gesprochen, obwohl dabei leicht Verwechslungen mit der informellen Organisation auftreten. Unter Primärgruppen wollen wir Gruppen verstehen, die sich im Kontakt der zukünftigen Mitglieder miteinander bilden und im ständigen Informationsaustausch der Mitglieder untereinander existieren.

Das hat zur Folge, daß derartige Gruppen im allgemeinen recht klein bleiben. Als optimale Größe umfassen sie 5 bis 10, höchstens um die 20 Mitglieder. Dementsprechend werden sie, da sie nicht formal organisiert sind, in besonderem Maße durch ihre Mitglieder geformt. Während die Rollen in den Formalgruppen im allgemeinen nicht oder nur wenig verändert werden, wenn Mitglieder ausscheiden und durch neue ersetzt werden, stellen die „Rollen" in Primärgruppen keine derart fixierte Größe dar, sondern werden weitgehend von den Rolleninhabern geprägt. Mit dem Wechsel von Mitgliedern verändern sie sich meistens, so daß man besser von Funktionen als von Rollen spricht.

Auch die übrigen syntaktischen Faktoren sind in höherem Maße von der Eigenart und der Anzahl der Mitglieder geprägt. So wird es dann in solchen Primärgruppen nur selten zu einer Klassenvielfalt kommen, wenn auch mit zunehmender Größe die Klassendurchlässigkeit zunimmt und Macht- und Rangwerte variieren. Der Code- und Handlungsdifferenziertheit sind dementsprechend ebenfalls Grenzen gesetzt. Stärker wirken Konformitätsfaktoren, die wie wir noch sehen werden, auch bei der Bildung derartiger Primärgruppen eine wesentliche Rolle spielen. Und diese Primärgruppen wiederum spielen eine wichtige Rolle als Gegengewicht zu Formalgruppen, was zunächst in Wirtschaftsunternehmen erkannt wurde.

Es zeigte sich dabei, daß sich innerhalb größerer Formalgruppen stets Primärgruppen bilden, etwa als Ausdruck menschlicher Kontaktbedürfnisse. Diese Primärgruppen entwickeln ihre eigenen Vorstellungen und Normen und ihre eigene Struktur. Das heißt aber auch, sie treten untereinander in eine Art Wettbewerb innerhalb ihrer formalen Organisation. Dabei bildet sich eine Struktur der Primärgruppen heraus, bei der nicht mehr die Mitglieder untereinander verknüpft sind, sondern die Primärgruppen. Dieses Gefüge nennt man „**informelle Organisation**". Und die wiederum durchzieht die formale Organisation und versucht, diese im eigenen Sinne zu ändern. Dabei können höhere Rollenträger der formalen Organisation in der informellen durchaus zu niederen Gruppen gehören, was dann allerdings ihre Wirksamkeit beträchtlich stören kann.

Eine wichtige Aufgabe der Unternehmensorganisation, ja jeder Organisation in Formalgruppen besteht u.a. auch darin, die informelle Organisation zu analysieren und durch geeignete Maßnahmen im Zweifelsfalle die formale Organisation so zu stärken, daß die informelle Organisation Ziele und Effekte der formalen Organisation nicht beeinträchtigen kann. Allerdings sollte man die informelle Organisation auch nicht abwürgen, denn das Spannungsfeld zwischen ihr und der formalen Organisation hindert die Formalgruppe daran steril zu werden. Nur darf dieses Spannungsfeld - schon im Interesse der Mitglieder - nicht zu stark werden, weil diese dann keinen Ausgleich mehr zwischen dem formalen SOLL und dem informellen SOLL schaffen können. Es entsteht eine Streßsituation, die beträchtliche Frustrationen mit allen ihren Folgen auslösen kann[26].

---

[26] vgl. Waszkewitz: Psychischer Arbeitsschutz, Stuttgart 1999

So gelingt es dann bei Primärgruppen eher, ihre Quellen und ihre Entstehung herauszufinden. Sieht man einmal von der Primärgruppe „Familie“ ab, die gewissermaßen biologisch verursacht wurde, spielen bei der Bildung solcher Gruppen zunächst Situationsgleichheiten eine wichtige Rolle. Menschen, die den gleichen äußeren Bedingungen ausgesetzt sind, finden ebenso wie solche mit gleichen Leiden schnell eine Basis, Kontakte aufzunehmen und zu vertiefen, zumal sie gemeinsam darauf bedacht sind, ihre Situation in gleicher Weise zu verbessern. Das gilt dann auch für Primärgruppen im Betrieb, die sich im allgemeinen auf der Basis einer formalen Untergruppe mit gleichen Arbeitsbedingungen bilden, ebenso wie sich in Gefahrensituation die davon betroffenen Menschen in einer Primärgruppe zusammenschließen, um sich besser wehren zu können.

In gleicher Weise bilden sich Primärgruppen in der Nachbarschaft aus der Nähe und der Kontakthäufigkeit heraus, die sich unter Umständen festigen und vertiefen, wenn gleiche Interessen und Vorlieben oder Freizeitvorstellungen vorhanden sind. Überhaupt spielen Interessen und Vorlieben bei der Bildung von Primärgruppen eine wichtige Rolle. Das gilt auch für gleiche Sprache und gleiche Herkunft. Das heißt aber zugleich, daß nicht dem Bildungsanlaß entsprechende Personen nicht einbezogen werden. Das trifft dann auf Minderheitenpersonen, auf Fremde, Ausländer usw. in vielen Fällen zu. Deren Ausschluß, deren Nichtintegration ist also von Hause aus nicht eine Folge der Fremdenfeindlichkeit, sondern ein Ergebnis der Gesetze sozialer Gruppenbildung, also der menschlichen Natur. Änderungen werden nur dort wirksam, wo „Einheimische“ und „Fremde“ gleichem Druck von außen ausgesetzt werden, wo sie nur gemeinsam gleiche Interessen verwirklichen können.

Das Individuum unter Gruppeneinfluß

Als Gruppenmitglied

Als Mitglied von Gruppen steht das Individuum vielfach unter dem Druck der Gruppennormen und Gruppeneinflüsse, mal von dieser, mal von jener Gruppe, mal von Formalgruppen und mal von Primärgruppen. Hinzu kommen die sachlichen Umwelteinflüsse. Oft ist daraus der Eindruck entstanden, als sei das Individuum nur Schnittpunkt dieser Einflüsse. Im Gegensatz dazu steht die Auffassung, daß das Individuum seine eigene Persönlichkeit besitzt und sein Verhalten dann jeweils eine Resultante aus Persönlichkeit und Umständen darstellt. Da diese Umstände ständig wechseln, ist es natürlich nicht leicht, die Persönlichkeit zu bestimmen. Man muß dazu das Verhalten in unterschiedlichsten Situationen - sowohl sachlichen als auch sozialen - untersuchen und auswerten. Das ist ein umständliches und langwieriges Verfahren. Die Folge ist, daß die meisten Persönlichkeitsbeurteilungen und –beschreibungen einseitige und zudem sehr grobe subjektive Urteile darstellen. Um brauchbare Hinweise auf das Verhalten eines Menschen in bestimmten Situationen, besonders in sozialen Situationen zu erhalten, benötigt man aber ein differenziertes Bild der Individualinstanz.

Wenden wir uns nun allgemeinen Erscheinungen zu, wie etwa der Autoritäten- und Anerkennungssuche zu. Das Individuum als Gruppenmitglied braucht die Gruppe zum Schutz und zur Bestätigung seiner selbst. Daß es dabei häufig mißbraucht wird, bemerkt es leider selten. Es gibt mit der Gruppenmitgliedschaft meistens einen Teil seiner Selbständigkeit auf und verhält sich gruppenkonform, besonders dann, wenn Beurteilungsaufgaben schwierig oder mehrdeutig sind, die Gruppe einen engen Zusammenhang aufweist, die anderen Gruppenmitglieder als kompetenter als das Individuum angesehen werden[27]. Man muß also davon ausgehen,

---

[27] vgl. Zimbardo: a. a. O. S. 728

daß Individuen aus Gruppen in derartigen Situationen oft nicht mehr eigenständig reagieren.

Noch deutlicher wird das überall dort, wo die Normen der beteiligten Gruppe ins Spiel kommen. Sie verfügen über die Macht, fundamentale Änderungen in unseren Einstellungen und Verhaltensweisen auszulösen[28]. Dabei hält das Individuum beträchtlichen sozialen Druck aus, wenn es sich nur darauf verlassen kann, daß sein Durchhalten von seiner Gruppe belohnt wird und diese sein Selbstgefühl und sein Gefühl, richtig zu handeln, stützt.

Insgesamt führt die Übernahme der Gruppennormen für das Individuum zu einer Erleichterung der Orientierung in der Gruppe und der Handhabung der sozialen Interaktionen. Dabei spielen dann gewisse Eigenarten der menschlichen Wahrnehmung mit, u.a. der Primacy-Effekt, das Nachwirken des „ersten Eindrucks“ trotz andersartiger Erfahrungen. Hierbei spielt sicher eine Rolle, daß der Mensch nicht gerne zugibt, sich geirrt zu haben. Demzufolge werden abweichende Erscheinungen leicht verzerrt - nach dem Grundsatz, daß nicht sein kann, was nicht sein darf -. Häufig werden Handlungen einer Person, die dem ersten Eindruck von derselben widersprechen, dann einfach äußeren Ursachen oder ungewöhnlichen Konstellationen zu geschoben, zumal in unserem westlichen Kulturkreis nur relativ wenig Termini zur Situationsbeschreibung und -kennzeichnung vorhanden sind, aber viele für Personeigenschaften und zudem Verhalten und Persönlichkeit zu oft gleichgesetzt werden, obwohl sie doch so verschieden sind. Darüber hinaus treten dann Attributionsfehler in Erscheinung, die durch Gruppennormen und -selbstverständlichkeiten verstärkt werden.

Hinzu kommt die Neigung der meisten Menschen, insbesondere der gruppengeneigten, ihre Wirkung und Bedeutung bei anderen Menschen zu überschätzen. Sie sind der Meinung, stets einen günstigeren Eindruck bei anderen zu hinterlassen, als es in

---

[28] Zimbardo: a. a. O. S. 727

Wirklichkeit der Fall ist. Lediglich die melancholischen, intravertierten und rationalen Menschen geraten selten in die Gefahr den Eindruck, den sie hinterlassen, zu überschätzen, sich selbst durch eine rosarote Brille zu sehen. Diese Menschen sind aber weniger gruppengeneigt, binden sich weniger an andere. Sie sind oft Einzelgänger, mit deren Begegnung gegenüber Gruppen wir uns nun beschäftigen wollen.

Individuen als Einzelgänger

Dabei muß man grundsätzlich zwischen der neutralen und der abwehrenden Rolle des Individuums unterscheiden. Während das neutral bleibende Individuum in den meisten Fällen so unauffällig bleibt, daß die kontaktierenden Gruppen es nur selten bemerken, werden diese Gruppen auf das in Ablehnung verfallende Individuum eher feindlich reagieren. Dennoch bleiben auch Neutrale nicht immer unbemerkt. Um sie wird dann seitens dieser oder jener Gruppe „geworben“.

Diese Werbung erfolgt manchmal nahezu unmerklich, besonders wenn es sich um „Autoritäten“ handelt. Sie werden von seiten der Gruppen gewissermaßen als Berater vereinnahmt, ohne daß sie es ihnen auffällt. Bemerken werden sie es meistens erst dann, wenn die Gruppe mit ihnen bzw. ihren Ansichten anderen Gruppen gegenübertritt oder gar auftrumpft. Und dann ist es meistens zu spät, denn damit wird das betreffende Individuum zu so etwas wie einem „Feindbild“ für andere Gruppen. Ist allerdings die „Autorität“ - auf welchem Gebiete auch immer - sehr gewichtig, beginnt die Phase der Abwerbung, wobei sich Gruppen vieler Listen und mancherlei Tücken bedienen. Das bedeutet, daß das Individuum, solange es neutral bleiben will, auf der Hut vor allen möglichen Gruppen und ihren Vertretern bleiben muß.

Es ist nicht unbedingt ratsam, sich Gruppen zum Feind zu machen, ohne dabei selbst einer Gruppe anzugehören, die einen stützt und unterstützt. Das gilt im Alltag ebenso wie im Arbeitsleben und in der Forschung. Sich abhebende Geister leben stets mit dem Risiko, höchstens posthum anerkannt zu werden. Feindlich gestimmte Gruppen können Einzelindividuen ziemlich unter Streß setzen. Sie isolieren sie nicht nur, sie stellen sie auch bloß, wo immer es möglich ist, ja sie schrecken auch nicht davor zurück einzelne Individuen für verrückt zu erklären und u.U. - wenn sie die Macht dazu besitzen - auch einzusperren. Derartige Vorgänge finden sich in der Geschichte in größerer Zahl und ereignen sich auch heute noch mitten unter uns. Nur hier und dort decken Journalisten solche „Skandale" einmal auf oder finden sich unvoreingenommene Staatsanwälte, die Anklage erheben, wenn dann Gesetze zum Schutz der Betroffenen vorhanden sind.

Hier und dort findet man – wie schon erwähnt - die Ansicht vertreten, daß Individuen keine eigene Persönlichkeit besitzen, sondern nur gruppen- und milieubestimmte Reaktionen zeigen. Andererseits wird behauptet, daß sich die Persönlichkeit mit dem Anschluß an eine Gruppe ändert. Sicher, Änderungen von Verhaltensweisen treten bei Individuen mit dem Eintritt in eine Gruppe meistens deutlich in Erscheinung. Ob das aber kurzfristig zu einer Änderung der Persönlichkeit führt, erscheint fraglich. Dazu müßte man vor der Begegnung mit der Gruppe eine systematische und differenzierte Analyse durchführen, ebenso nach einiger Zeit in der Gruppe und schließlich nach dem Austritt aus der Gruppe. Erst nach Vorliegen dieser verschiedenen Ergebnisse ließe sich die gestellte Frage eindeutig entscheiden. Derartige Untersuchungen sind aber nirgends zu finden. Andererseits zeigen Längsschnittuntersuchungen an Erwachsenen, daß Persönlichkeitszüge relativ konstant bleiben, und das trotz vielfachen Milieuwechsels. Daraus folgt aber auch, daß sich die Persönlichkeit der erwachsenen Menschen im Laufe der Jahre nur wenig ändert, wenn auch beim Betrachter unerwünschte Eigenschaften mit zunehmendem Alter meistens deutlicher und prägnanter hervortreten.

Das bedeutet für den einzelnen Menschen, daß er danach

trachten muß, die für ihn optimale soziale Umwelt zu finden. Allerdings ist das mit einigen Anstrengungen verbunden, weil er immer wieder - möglichst zusammen mit anderen - soziale Umwelten, Gruppen usw. analysieren muß, um sie dann mit seinen Werten zu vergleichen. Sobald dabei die Verhaltenswerte den entsprechenden Personwerten[29] weitgehend gleichen, kann er damit rechnen, ohne Manipulationen und unnötige Zwänge leben und wirken zu können.

---

[29] Vgl. Waszkewitz: Fortschritt... a. a. O. Datei 02 „Systemcodeliste"

Multikulturelle Sozialkųrper

Entstehung und Folgen

Immer wieder wird der Begriff der **multikulturellen Gesellschaft** heute benutzt, ohne daß klar herausgestellt wird, was jeweils damit gemeint ist. Es erscheint mir daher sinnvoller zunächst einmal von multikulturellen Sozialkörpern zu sprechen, ehe eine Gesellschaft daraus gemacht wird. Das soll heißen: **Ein multikultureller Sozialkųrper ist dadurch gekennzeichnet, daЯ in seinem Territorium unterschiedliche Gruppen von Menschen leben, die unterschiedliche sozialpsychologische Spektren und Lebensgewohnheiten aufweisen und vielfach unterschiedliche Sprachen sprechen, ohne daЯ festgeschriebene territoriale Grenzen zwischen ihnen bestehen.**

Nicht enthalten ist in dieser Kennzeichnung eine Aussage darüber, welche Größenverhältnisse diesen Gruppen zukommen, ob evtl. nicht festgeschriebene „territoriale Abgrenzungen" bestehen.

Derartige multikulturelle Sozialkörper sind im allgemeinen die Folge willkürlicher Grenzziehungen oder größerer Wanderungs- und Siedlungsvorgänge. Während im Falle willkürlicher Grenzziehungen in einander gleichen oder ähnlichen Kulturräumen in den meisten Fällen Sprach- und Schulprobleme zu erhöhten Spannungen führen, muß man bei Migrations- und Siedlunsvorgängen damit rechnen, daß nicht nur Sprachprobleme, sondern grundlegende kulturelle Unterschiede bestehen.

Während bei den willkürlichen Grenzziehungen Gruppen zusammenkommen, die schon vorher nebeneinander, vielleicht auch miteinander (im kleinen Grenzverkehr) gelebt haben, kommen Migrations- und Siedlungsgruppen meistens von weit her und hatten bis dato keine oder kaum Berührungen mit den Gruppen der neuen Umgebung. Sie kommen also aus der Fremde in „Neuland" und werden sich gemäß oben aufgeführter Gruppenphänomene zum Schutz und zur Selbstverteidigung enger zusammenschließen. Das ist zwangsläufig mit einer Intensivierung des vertrauten sozialen Spektrums und der überkommenen Gewohnheiten verbunden. Es führt also zu erhöhter Konformität und damit zu einem Sichabschließen gegenüber den in diesem Sozialkörper vorwiegend vorhandenen Gruppen. Da darüber hinaus die Neuankömmlinge im allgemeinen die Sprache der „Einheimischen" nicht verstehen, schon gar nicht sprechen, diese wiederum die Sprache der Zuwanderer nicht kennen, bleibt man sich fremd. Und das um so mehr, je größer der prozentuale Anteil solcher Zuwanderer ist, denn desto weniger besteht für sie ein psychischer oder sozialer Zwang, die herrschende Sprache zu lernen. Sie können ja weiter untereinander kommunizieren.

Damit heben sie sich überall dort, wo sie auf Einheimische treffen, von diesen ab, ein Phänomen, daß sie zusätzlich fremd, exotisch und als Eindringlinge für die einheimischen Gruppen erscheinen läßt[30]. Unter Berücksichtigung der Erkenntnisse der Humanethologie[31] sind sie damit gemäß der Natur des Menschen für die Einheimischen zunächst einmal „Feinde", also mit Vorsicht zu genießen, wenigstens solange sie sich nicht an die Rituale und Verhaltensformen der Einheimischen halten und sich ihnen in deren Sprache verständlich machen. Das ist die Konsequenz aus dem biologischen Erbe der Menschen. Und dieses greift um so stärker, je größer die Zuwanderungsgruppen sind, je fremder ihre Sprache und ihr Verhalten wirken, je fremder ihr Erscheinungsbild und ihr Gebaren sind. Das heißt, die Abwehrreaktionen der Einheimischen sind biologisch gesehen völlig normal, auch wenn sie den sozialen Frieden usw. gefährden und das Zusammenleben erschweren.

Auf diese Weise entsteht ein keineswegs spannungsfreies Nebeneinander unterschiedlicher Kulturen. Würden die Spannun-

---

[30] ein solches Problem besteht bei einzelnen Zuwanderern selten oder nie, einmal weil sie sich anpassen müssen, um zu überleben, zum anderen weil sie oft kommen, weil ihnen die Zustände in dem betreffenden Sozialkörper gefallen.

[31] vgl. I Eibl-Eibesfeld: der vorprogrammierte Mensch, 4. Aufl. 1982 u. anderen Schriften

gen fortfallen könnte man von einem multikulturellen Sozialkörper sprechen, aber solche Spannungen lassen sich aufgrund der Fakten gar nicht vermeiden. Und es erscheint mit leichtfertig, unter Vernachlässigung der Fakten derartige multikulturelle Gesellschaften zu propagieren. Es bleibt damit die Frage, wie auch bei umfangreichen Zuwanderungen der soziale Frieden, soweit er überhaupt vorhanden ist, erhalten werden kann.

Wege zum sozialen Frieden

Regulation und Toleranz

Wie ausgeführt, steht die biologische Natur des Menschen und vor allem auch sein biosoziales Gruppenverhalten einer Tolerierung – vor allem größerer – Gruppen Fremder entgegen, von einer Akzeptanz derselben ganz zu schweigen. Um solche Situationen nicht zum Krieg zu werden zu lassen, gibt es einmal die Möglichkeit der ständigen staatlichen Überwachung und Verhinderung des Ausbruchs der Feindseligkeiten, sicher kein erstrebenswerter Zustand, und zwar für beiden Seiten nicht. Das erfordert ein massives Aufgebot von Sicherheitskräften, Beobachtern und Schlichtern und führt meistens zu neuen Vorschriften und einem Anwachsen von Straftaten.

Zum anderen kann man unter Einsatz psychologischer Werbetechniken – wenigstens eine gewisse Zeit – Toleranzverhalten propagieren und evtl. auch aktivieren. Auch das ist recht aufwendig. Ob es dann auf längere Sicht hält und andauert, kann in Anbetracht der wirkenden chaotischen Systeme wohl keiner versprechen. In ähnliche Richtung zielen Schulungsmaßnahmen für die Zuwanderer, vor allem auch solche, die dem Spracherwerb dienen und auch dazu genutzt werden können, die Teilnehmer mit den Sitten und Gebräuchen sowie den Empfindlichkeiten der Einheimischen vertraut zu machen, um so bei den Zuwanderern eine gewisse Akzeptanz des Bestehenden vorzubereiten. Das verlangt allerdings auch ebenso wie weitere Maßnahmen, daß man die aufeinanderprallenden Gruppen genau analysiert und ihre Strukturen als Voraussetzung zur Lenkung kennt. Und das geht nicht ohne Aufwand und Mühe ab, denn um eine Gruppe zu beschreiben, wie oben dargelegt, muß man zunächst ein umfangreiches Beobachtungsprotokoll ausfüllen wie etwa das folgende:

GRUPPEN ANALYSE (HYBz)

Anweisung: Bitte beantworten Sie jede Frage bzw. Feststellung, indem Sie den zutreffenden Wert in Spalte A durchstreichen (/) oder in Spalte I eintragen, wobei folgende Skala gilt:

1= fehlend, eher das Gegenteil

2= gering, selten, unterdurchschnittlich

3= teilweise, manchmal, mittel, weiß nicht

4= weitgehend, häufig, markant

5= ja, unbedingt, ausgeprägt, sehr stark, stets, überragend;

Gruppe:

Nr.	A	I	Fragestellung
001	1 2 3 4 5		Verfügt über vielerlei Erfahrungen im täglichen Leben, verfügt über vielerlei Kenntnisse aus dem Alltagsleben und Alltagsgeschehen
002	1 2 3 4 5		Verfügt über vielerlei philosophische Kenntnisse, kennt viele Schriften und Inhalte philosophischer Autoren und auch die Bedeutung der von ihnen benutzten Wörter
003	1 2 3 4 5		Verfügt über breite und Vielzahl von Einzelkenntnissen von der Gesellschaft, von den Vorgängen in Staat und Gemeinde und den geltenden Vorschriften
004	1 2 3 4 5		Verfügt über Breite und Vielzahl von Einzelkenntnissen weltanschaulicher Inhalte, d.h. moralischer, sittlicher, aber auch religiöser Vorstellungen ebenso wie politischer
005	1 2 3 4 5		Verfügt über vielerlei historische (geschichtliche) Einzelkenntnisse, kennt sich in den wesentlichen Ereignissen der Weltgeschichte aus, weiß auch sie zeitlich zu fixieren
006	1 2 3 4 5		Verfügt über vielerlei Einzelkenntnisse von menschlicher Bildung und Entwicklung, von der Reifung und dem Erwachsenenwerden sowohl in heutiger als auch in früherer Zeit
007	1 2 3 4 5		Verfügt über vielerlei Führungs- und Leitungskenntnisse, weiß, wie man führen und lenken muß, wozu und mit welchen Mitteln zu arbeiten ist
008	1 2 3 4 5		Verfügt über vielerlei Erfahrungen in der Pflege und Erhaltung von Dingen, in der Wartung und Wiederherstellung ihrer Form und Funktion
009	1 2 3 4 5		Besitzt einiges Kunstverständnis, kennt sich in der Malerei, Architektur, Bildnerei und Musik aufgrund vielerlei Einzeldaten aus
010	1 2 3 4 5		Verfügt über vielerlei Einzelerfahrungen in Verwaltungsfragen vom Erstellen von Schriftstükken über deren Abfertigung bis zur Ablage
011	1 2 3 4 5		Verfügt über vielerlei Einzelkenntnisse in neuzeitlicher Technik, insbesondere auch in Haus-

			und Haushaltstechnik
012	1 2 3 4 5		Hat vielerlei ökonomische und wirtschaftliche Einzelkenntnisse, weiß vielerlei von den Vorkommnissen in der Wirtschaft, von Buchhaltung, Geld und Finanzen
013	1 2 3 4 5		Zeigt ein ursprüngliches, unmittelbares, natürliches und ungekünsteltes Verhalten
014	1 2 3 4 5		Zeigt ein differenziertes, rationales Verhalten, hält sich an vernünftige Überlegungen und weiß dabei sehr sorgfältig zwischen Situationsunterschieden zu abzuwägen
015	1 2 3 4 5		Sucht Kontakt mit ihrer Umwelt, wendet sich Menschen und Dingen in ihrer Umwelt zu
016	1 2 3 4 5		Entwickelt eine distanzierte, reservierte Haltung, hält sich zurück, wahrt Abstand gegenüber der Welt und den Gesellschaften und Gruppen, orientiert sich mehr an eigenen Vorstellungen als an dem, was üblich ist
017	1 2 3 4 5		Läßt sich leicht begeistern und anregen
018	1 2 3 4 5		Wirkt gefühlvoll und bindungsbereit, ist verständnisvoll und beteiligt sich auch innerlich an anderen
019	1 2 3 4 5		Ist darauf bedacht, sich durchzusetzen, will sich nicht nur gegenüber anderen behaupten, sondern ihnen den eigenen Willen „schmackhaft" machen
020	1 2 3 4 5		Entwickelt eine aufgeschlossene und sensitive Haltung, hört zu und bleibt offen für die Belange anderer Menschen und Gruppen, läßt sich von ihnen und ihren Vorstellungen beeindrucken
021	1 2 3 4 5		Zeigt eine optimistische, frische und bejahende Lebenseinstellung,
022	1 2 3 4 5		Wirkt ernst und besinnlich, geht nicht oberflächlich über die Dinge und Probleme hinweg
023	1 2 3 4 5		Entwickelt viel Unternehmungsdrang, trachtet stets danach, etwas zu unternehmen, etwa Neues zu suchen oder zu beginnen
024	1 2 3 4 5		Wirkt beharrlich und stetig und läßt sich nicht aus der Ruhe bringen
025	1 2 3 4 5		Strebt nach sinnlichem Erleben, sucht in ihrer Lebensgestaltung sinnliches Erleben möglich zu machen
026	1 2 3 4 5		Strebt nach Geistigem und Gedanklichem, nach Erkenntnis
027	1 2 3 4 5		Interessiert sich für öffentliche und gesellschaftliche Belange, entwickelt Interesse am Geschehen in der Nachbarschaft und Umgebung, insbesondere auch in der Gemeinde und im Lande sowie bei anderen Gruppen
028	1 2 3 4 5		Erstrebt ein festes Wert- und Weltbild, strebt und entwickelt eine wirklichkeitsangemessene Weltanschauung und entsprechende Wertvorstellungen sowie Normen (müssen nicht mit denen des Beurteilers übereinstimmen)
029	1 2 3 4 5		Interessiert sich vor allem für Kultur und Kulturelles, hat Interesse an Theater, Kunst und Geschichte
030	1 2 3 4 5		Strebt nach Eigenständigkeit und Selbstverwirklichung, trachtet danach, ihre Möglichkeiten, ihre „Anlagen"" möglichst vollständig zur Entfaltung zu bringen und Eigenständigkeit und Unabhängigkeit zu gewinnen, ohne die Bindung an andere zu verlieren
031	1 2 3 4 5		Strebt danach, zu lenken und zu gestalten, Dinge und Menschen in ihrem Sinne zu beeinflussen
032	1 2 3 4 5		Soziale Fragen stehen im Mittelpunkt des Interesses, interessiert sich vor allem für sozialpolitische und fürsorgerische Maßnahmen und Probleme, auch über die eigene Gruppe hinaus

033	1 2 3 4 5		Vor allem Kunst und Künstlerisches interessieren
034	1 2 3 4 5		Strebt nach Systematik und Ordnung
035	1 2 3 4 5		Sucht den Fortschritt und Veränderungen, strebt nach Neuem und Neuartigem
036	1 2 3 4 5		Orientiert sich am Vertrauten und Gewohnten, am Nahen und Greifbaren
037	1 2 3 4 5		Höhergestellte Personen haben in der Gruppe viel Macht und besondere Rechte
038	1 2 3 4 5		Die Ansichten der Mitglieder zu Lebensfragen sind identisch
039	1 2 3 4 5		Die Gruppe zeigt viel Verständnis für Außenstehende
040	1 2 3 4 5		Das System entscheidet stets als Ganzes, geschlossen und eindeutig
041	1 2 3 4 5		Es gibt viele verschiedene, Untergruppen, Klassen und Schichten im System
042	1 2 3 4 5		Mitglieder wechseln ihre Gruppen-, Klassen- und Schichtenzugehörigkeit oft
043	1 2 3 4 5		Die Verständigungscodes (Sprachen) sind sehr differenziert
044	1 2 3 4 5		Die Verständigungscodes sind formal und inhaltlich für alle gleich
045	1 2 3 4 5		Es herrscht eine differenzierte Arbeitsteilung
046	1 2 3 4 5		Die Rollen, Stellen und Kompetenzen sind genau abgesteckt
047	1 2 3 4 5		Umgangs- und Handlungsformen sind fein abgestuft
048	1 2 3 4 5		Umgangs- und Handlungsformen sind für alle gleich
049	1 2 3 4 5		Besitzt systematisches und fundiertes Wissen von den Lebensvorgängen
050	1 2 3 4 5		Besitzt fundiertes philosophisches und erkenntnistheoretisches Wissen
051	1 2 3 4 5		Besitzt fundiertes Wissen gesellschaftlicher Vorgänge und Zustände
051	1 2 3 4 5		Hat fundierte und umfassende ethische Kenntnisse
053	1 2 3 4 5		Verfügt über fundiertes Wissen menschlicher Kultur und Kulturen
054	1 2 3 4 5		Verfügt über fundierte psychologische Kenntnisse
055	1 2 3 4 5		Besitzt umfassende Führungskenntnisse und –erfahrungen
056	1 2 3 4 5		Besitzt umfassende soziale und soziologische Kenntnisse und Erfahrungen
057	1 2 3 4 5		Verfügt über umfassende ästhetische und musische Kenntnisse
058	1 2 3 4 5		Es liegt ein umfassendes, fundiertes systemtheoretisches Wissen vor
059	1 2 3 4 5		Verfügt über umfassende und fundierte Kenntnisse von Fernem und Fremdem
060	1 2 3 4 5		Es liegen fundierte ökonomische Kenntnisse und Erfahrungen vor
061	1 2 3 4 5		Reagiert überschwenglich, die Reaktionen sind übertrieben und übersteigert, den Ereignissen nicht angemessen
062	1 2 3 4 5		Entwickelt eine formelle bis formalistische Haltung, hält sich an übergruppale Normen, Regeln und Vorschriften, beachtet die Etikette
063	1 2 3 4 5		Zeigt ein aufdringliches Verhalten, durchbricht ständig die Fluchtdistanz anderer Menschen und Gruppen, denen sie schon rein physisch zu nahe kommt
064	1 2 3 4 5		Bezieht alles auf sich, nur ihre Sicht der Dinge gilt, was auch immer sich ereignet, die Gruppe wertet dieses nur soweit es sie selbst betrifft - vor allem negativ betrifft -, erkennt auch alles nur insoweit an, wie sie es sieht
065	1 2 3 4 5		Zeigt wechselhafte und unstete Gefühlsregungen, wirkt leicht erregt und aufgeregt
066	1 2 3 4 5		Reagiert subjektiv und unsachlich, ihr geht es nicht um die Sache, sondern stets um den eigenen Standpunkt und das eigene Gefühl, nur von ihnen her handelt sie, egal, ob dieses sachlich gerechtfertigt ist

067	1 2 3 4 5		Reagiert scharf und spitz, neigt dazu, andere zu verletzen, wird leicht ironisch oder sarkastisch
068	1 2 3 4 5		Gibt immer nach, wirkt, als ob sie keinen eigenen Standpunkt hat, schließt sich stets der Meinung anderer an
069	1 2 3 4 5		Entwickelt ein leichtsinniges und unvorsichtiges Verhalten, reagiert flüchtig und nebenbei
070	1 2 3 4 5		Sieht schwarz und ängstlich in die Zukunft, reagiert übervorsichtig
071	1 2 3 4 5		Entwickelt heftige und hitzige Reaktionen, zeigt überaktive, oft nicht angemessene Reaktionen mit explosivem Charakter
072	1 2 3 4 5		Stellt sich bei Veränderungen nicht um, bleibt eher stur
073	1 2 3 4 5		Orientiert sich an Primitivem und Kreatürlichem und Gewöhnlichem
074	1 2 3 4 5		Weltfremde Spekulationen und esoterische Inhalte sind für diese Gruppe wichtig
075	1 2 3 4 5		Prestigegewinn steht für sie im Vordergrund
076	1 2 3 4 5		Auf Sittenstrenge kommt es dieser Gruppe an. Ihr geht es darum, daß sich alle, vor allem aber sie selbst streng an die gute Sitte (u.U. eigene Sitte) halten, sie legt alles eng nach strengen moralischen Maßstäben aus
077	1 2 3 4 5		Funktionalität und Brauchbarkeit werden abgelehnt, Kulturfanatiker, schwärmt für Kultur und Ideale, meidet dabei alles, was brauchbar und nutzbar ist, wobei dann eine entsprechende Technikabwehr entsteht
078	1 2 3 4 5		Tendiert zum Singletum und Beschäftigung mit sich selbst, will sich selbst verwirklichen, und das in einer Form, die Bindungen und tiefergehende Beziehungen zu anderen ablehnt, sich selbst genug ist
079	1 2 3 4 5		Muß alles analysieren und zerlegen, kann die Dinge nicht betrachten und genießen, ohne sie zu hinterfragen und zu sezieren
080	1 2 3 4 5		Nur das Kranke und Kaputte ist für diese Gruppe wichtig
081	1 2 3 4 5		Legt besonderen Wert auf Äußerlichkeiten, etwa Kleidung, Frisur, Aussehen
082	1 2 3 4 5		Wird von Ordnungen und Formeln beherrscht, und das eher in unangemessener Weise, d.h., die Ordnungen und Formeln passen nicht zur Situation und zum Verhalten der Gruppe
083	1 2 3 4 5		Sucht ständig neue Abenteuer, gibt sich mit nichts zufrieden
084	1 2 3 4 5		Richtet sich nur nach dem was üblich ist, was m a n tut
113	1 2 3 4 5		primitive, genußsüchtige Vorstellungen
114	1 2 3 4 5		esoterische, utopistische Vorstellungen
115	1 2 3 4 5		Übersteigerte Geltungs- und Darstellungsinhalte
116	1 2 3 4 5		sektenhafte religiöse Vorstellungen
117	1 2 3 4 5		schwärmerische schöngeistige Vorstellungen und Geistreicheleien
118	1 2 3 4 5		Ichgottähnliche Vorstellungen
119	1 2 3 4 5		verschrobene Macht- und Führungsinhalte
120	1 2 3 4 5		soziale Utopien, feministische Wahnvorstellungen
121	1 2 3 4 5		verschrobene Gütekriterien
122	1 2 3 4 5		bürokratistische Inhalte
123	1 2 3 4 5		utopistische und exotische Zukunftsideen
124	1 2 3 4 5		verschrobene Heimats- und Traditionsvorstellungen

125	1 2 3 4 5		Zeigt ein primitives, hyperkinetisches Verhalten, undifferenziertes und unruhig zappelndes Verhalten
126	1 2 3 4 5		Das Realitätsbewußtsein fehlt, zeigt weltfremde Regelhaftigkeit, hat keinen Blick für die Wirklichkeit und das Alltägliche, reagiert eher träumerisch und dabei schablonenhaft
127	1 2 3 4 5		Zeigt ein narzißtisches, selbstbespiegelndes Verhalten, penetrant sich in den Vordergrund stellend und gewissermaßen die eigene „Person" liebkosend
128	1 2 3 4 5		Entwickelt situationsunangemessene Fluchtreaktionen, versucht, sich durch Flucht und Ausweichen den Situationen immer wieder zu entziehen, obwohl dazu kein Grund besteht
129	1 2 3 4 5		Entwickelt ekstatische, rauschhafte Reaktionen, neigt zum Schwärmen und steigert sich voller Unruhe und übertriebener Lebhaftigkeit in Situationen hinein
130	1 2 3 4 5		Entwickelt ein krankhaftes Heimweh nach Personen, vor allem Leitpersonen (Hundeheimweh), bekommt Angst und starke Sehnsucht, wenn ihr vertraute Menschen nicht greifbar sind,
131	1 2 3 4 5		Entwickelt gegen sich selbst gerichtete Aggressionen (selbstzerstörerisch), neigt dazu, sich selbst zu verletzen, psychisch wie physisch, sich Situationen auszusetzen, die sie selbst zerstören können
132	1 2 3 4 5		Reagiert zwanghaft nachgiebig, kann nicht anders, muß von innen her getrieben immer den anderen und ihren Wünschen nachgeben
133	1 2 3 4 5		Zeigt manische Unruhe und zerfahrene Hektik
134	1 2 3 4 5		Entwickelt eine leere, hoffnungslose Haltung, ist ohne Lebenslust und Lebensmut, wirkt übervorsichtig und zaghaft, gezwungen und unfrei
135	1 2 3 4 5		Entwickelt hyperkinetische Störreaktionen bei ausfahrenden Bewegungen, eine übersteigerte Überaktivität, vor allem auch in den Bewegungen, die ungezügelt und weit ausladend sind.
136	1 2 3 4 5		Entwickelt ein akinetisches Verhalten, stuporöse, klebende, pastöse Bewegungen, bewegungsloses bis bewegungsarmes und adynamisches Verhalten, wirkt schwammig-starr
137	1 2 3 4 5		Entwickelt perverse Genußwünsche, bei den Genußgegenständen handelt es sich entweder um berauschende Gifte oder übersteigerte Üppigkeit des Genusses oder vom Geschmack her merkwürdige Genußinhalte und –formen
138	1 2 3 4 5		Zeigt zwanghafte Neugier, kann die eigene Neugier nicht unterdrücken und nicht beherrschen, muß ihr überall und ständig Tribut zahlen
139	1 2 3 4 5		Zeigt hysterische posenhafte Reaktionen, stellt sich selbst immer wieder in den Mittelpunkt, sucht die Aufmerksamkeit der Umgebung auf sich zu ziehen, und das in ziemlich theatralischer Weise
140	1 2 3 4 5		Entwickelt Gerechtigkeitsfanatismen und –wahnvorstellungen, kämpft fanatisch für Rechte, vor allem für eigene Rechte, erweist sich als eine Art Michael Kohlhaas
141	1 2 3 4 5		Entwickelt kulturellen Sendungswahn, fühlt sich als Missionarin der Kultur, meint, die Kultur bzw. was sie dafür hält, retten zu müssen
142	1 2 3 4 5		Entwickelt persönlichen Sendungswahn, fühlt sich als von höheren Mächten beauftragt
143	1 2 3 4 5		Zeigt Zerstörungswut und –zwänge
144	1 2 3 4 5		Entwickelt Zwang zum Pflegen und Helfen, wo es unangebracht ist, auch dort, wo keine Hilfe gebraucht wird, nichts zu pflegen, zu bewahren und zu erhalten ist, hilft und pflegt

			sie, weil sie und ihre Mitglieder nicht anders können
145	1 2 3 4 5		Entwickelt künstlerische Wahnvorstellungen, hält sich für eine große Künstlergemeinschaft oder für jemanden, der den Menschen sagen muß, was Kunst ist
146	1 2 3 4 5		Zeigt pedantische Ordnungszwänge, Schematismen
147	1 2 3 4 5		Entwickelt Veränderungssüchte, muß sich und alles stets verändern, kann keinen Status quo ertragen
148	1 2 3 4 5		Zeigt Katzenheimweh (Heimweh nach Örtlichkeiten) und Gewohnheitszwänge, leidet unter Orts- und Umgebungswechseln, unter jeder Art von äußerer örtlicher und räumlicher Veränderung
149	1 2 3 4 5		a-natürliche, widernatürliche Vorstellungen
150	1 2 3 4 5		Antitheoretische, antigeistige und –geisteswissenschaftliche Vorstellungen
151	1 2 3 4 5		Antiweltliche, antigesellschaftliche Vorstellungen
151	1 2 3 4 5		Areligiöse, antiideologische Vorstellungen
153	1 2 3 4 5		Antikulturelle, funktionalistische Vorstellungen
154	1 2 3 4 5		Antipsychologische, mechanistische Vorstellungen
155	1 2 3 4 5		Aggressionsfeindliche und –leugnende Vorstellungen
156	1 2 3 4 5		Antisoziale, liberalistische Vorstellungen
157	1 2 3 4 5		Antiästhetische, rein zweckhafte Vorstellungen
158	1 2 3 4 5		Chaotische, ordnungsfeindliche Vorstellungen
159	1 2 3 4 5		Vorgestrige, überholte Vorstellungen
160	1 2 3 4 5		Traditionslose, ungewöhnliche Vorstellungen
161	1 2 3 4 5		Wirkt unlebendig und ohne eigene Impulse
162	1 2 3 4 5		Zeigt ein disziplinloses und unbeherrschtes Verhalten
163	1 2 3 4 5		Wehrt alle Kontakte ab und meidet die Umwelt
164	1 2 3 4 5		Entwickelt Angst vor dem Alleinsein, sucht nach Gesellschaft und Anschluß an andere Personen und Gruppen, fürchtet sich allein zu sein - auch im sicheren Hause -, ihr fällt, wenn sie alleine bleibt, gewissermaßen die Decke auf den Kopf, Flucht nach „vorne"
165	1 2 3 4 5		Kann Gefühle nicht zeigen, hat Angst davor, sich zu äußern
166	1 2 3 4 5		Weicht jeder menschlichen Bindung aus, das zeigt sich in ihrer Ungebundenheit, aber auch in ihrer Stellungnahme zu Partnerschaften und Bindungen an andere Gruppen usw.
167	1 2 3 4 5		Hat Angst, sie könnte anderen ins Gehege kommen, tut nichts, handelt nicht, um nicht in die Kompetenzen anderer überzugreifen, wirkt matt und gezwungen in ihrer Haltung
168	1 2 3 4 5		Zeigt Angst, in etwas hineingezogen zu werden, die Angst besteht vor allem vor sozialen, sorgenden und fürsorglichen Verpflichtungen
169	1 2 3 4 5		Traut sich nichts zu, zeigt unsicheres, ängstliches Verhalten
170	1 2 3 4 5		Wirkt gehetzt und getrieben, läßt jegliche Besonnenheit, jeglichen Ernst vermissen und reagiert überhastet und übereilt, läßt sich keine Ruhe, wirkt rastlos
171	1 2 3 4 5		Wirkt lahm, matt und müde, ist völlig schwunglos und kraftlos, und das bei ängstlichem Zurückweichen vor jeder Unternehmung oder Veränderung
172	1 2 3 4 5		Wagt keinen eigenen Standpunkt
173	1 2 3 4 5		Lehnt alle sinnlichen Genüsse ab, sowohl anschaulicher als auch taktiler Art usw., leibliche

			Genüsse, Sex usw., entwickelt ängstliche Abwehr dagegen, übertrieben asketisch
174	1 2 3 4 5		Lehnt alles Geistige, Gedankliche und Wissenschaftliche ab
175	1 2 3 4 5		Zeigt typische Aussteigermentalität, ist mit der heutigen und hiesigen Welt fertig, sucht nur noch eine alternative, „ursprüngliche" Welt, nimmt am bestehenden Leben nicht mehr teil
176	1 2 3 4 5		Lehnt Wertordnungen und Wertbegriffe grundsätzlich ab
177	1 2 3 4 5		Lehnt Kultur und Kulturelles grundsätzlich ab, Kunst und Literatur ebenso
178	1 2 3 4 5		Hat Angst vor Selbstsein und Eigenständigkeit, zieht sich ins Allgemeine zurück, Nivellierung und Gleichmacherei
179	1 2 3 4 5		Lehnt jede Art von Führung und Machtausübung durch sich ab, entwickelt Scheu vor jeder Bevormundung anderer
180	1 2 3 4 5		Lehnt alles Soziale ab, weicht Sozialem aus, haßt Pflege- und Wartungsdienste
181	1 2 3 4 5		Ist und will amusisch sein, bleibt ohne Beziehung zu musischen und künstlerischen Tätigkeiten und Qualitäten, lehnt derartiges strikt ab
182	1 2 3 4 5		Hat keinerlei Beziehungen zu Ordnungen und Systematik, liebt das Chaos und die Unordnung, braucht beide gewissermaßen zum Leben, hat Angst vor der Zerstörung durch Ordnung
183	1 2 3 4 5		Lehnt alles Neue und Fremde ab. Das gilt sowohl für fremde Personen, andere Gruppen, ferne Länder usw., als auch für technische und modische Neuerungen
184	1 2 3 4 5		Lehnt jegliche Tradition und alles Übliche ab
201	1 2 3 4 5		Verfügt über breit gestreutes Alltagswissen
202	1 2 3 4 5		Beherrscht vielerlei Begriffe und Begriffssysteme und unterschiedliche Bedeutung von Termini in den Begriffssystemen
203	1 2 3 4 5		Besitzt vielerlei Einzelwissen von der Welt im allgemeinen und dem Geschehen in ihr
204	1 2 3 4 5		Hat vielerlei Erfahrungen in Bewertungen und Bewertungsnormen
205	1 2 3 4 5		Verfügt über vielerlei ideelle und ideengeschichtliche Einzelkenntnisse
206	1 2 3 4 5		Verfügt über mancherlei Einzelwissen vom Menschen und seiner Psyche und dem Innenleben der Gruppen
207	1 2 3 4 5		Verfügt über vielerlei Gestaltungs- und Konstruktionswissen
208	1 2 3 4 5		Verfügt über breites soziales und soziologisches Wissen
209	1 2 3 4 5		Verfügt über breit gestreutes Wissen um Qualität und Qualitäten
210	1 2 3 4 5		Hat vielerlei Organisationskenntnisse
211	1 2 3 4 5		Verfügt über vielerlei technologische Einzelkenntnisse auch im außer-technischen Bereich
212	1 2 3 4 5		Kennt viele Traditionen, ist vertraut mit Überlieferungen und allem, was üblich ist
213	1 2 3 4 5		Zeigt lebendiges und vitales Verhalten, reagiert emotional
214	1 2 3 4 5		Zeigt eine kritische und disziplinierte Haltung
215	1 2 3 4 5		Wendet sich der Umwelt zu und geht auf sie zu, lebt in und mit ihr
216	1 2 3 4 5		Zeigt eine verschlossene, verschwiegene und nach innen gewandte Haltung
217	1 2 3 4 5		Entwickelt ein sprühendes, äußerungslebhaftes Verhalten, redet frei und lebhaft, äußert sich zu allem aktiv, auch zu eigenen Gefühlen
218	1 2 3 4 5		Verbreitet menschliche Wärme, zeigt sich menschlich aufgeschlossen und bindungsbereit, spricht auch von anderen Menschen und Gruppen nie abwertend oder verächtlich

219	1 2 3 4 5		Zeigt ein angreifendes Verhalten, geht auf die Dinge zu, greift Probleme auf und sorgt dafür, daß es vorwärts geht (nicht mit aggressivem Verhalten zu verwechseln, bei dem es um Beherrschung der anderen und deren Verletzung geht)
220	1 2 3 4 5		Wirkt empfänglich, beeindruckbar, anpassungsbereit und dienstbereit
221	1 2 3 4 5		Entwickelt Risikofreude und –bereitschaft, wagt etwas, ohne leichtsinnig zu sein, schätzt das jeweilige Risiko und ihre Möglichkeiten real ein, ehe sie selbstsicher handelt
222	1 2 3 4 5		Zeigt eine tiefsinnige, besonnene und abwägende Haltung und Betrachtungsweise
223	1 2 3 4 5		Zeigt ein schwungvolles und dynamisches Verhalten
224	1 2 3 4 5		Zeigt eine unerschütterliche, eindeutige Haltung
225	1 2 3 4 5		Strebt nach Naturnähe und praktischem Tun, sucht Arbeiten und Tätigkeiten, die sie mit der Natur in Berührung bringen und praxis- und lebensnah sind
226	1 2 3 4 5		Strebt nach wissenschaftlicher Erkenntnissen und Wissen davon
227	1 2 3 4 5		Nimmt rege am weltlichen Leben und dem Geschehen in ihrer Umwelt teil
228	1 2 3 4 5		Hält sich an bekannte und bewährte Werte, ihre Moral entspricht dem, was in ihrer Umwelt üblich ist
229	1 2 3 4 5		Ist sprachlich und literarisch interessiert
230	1 2 3 4 5		Strebt nach Gruppencharakteristik und individueller Besonderheit
231	1 2 3 4 5		Ist ein Macher und strebt danach, die Situationen zu bewältigen, es geht ihr vor allem darum, etwas zu tun, etwas zu machen und zu gestalten, Probleme zu lösen
232	1 2 3 4 5		Zeigt das Bedürfnis, Menschen und Dinge zu pflegen und zu erhalten
233	1 2 3 4 5		Entwickelt Sinn für Schönheit und Qualität
234	1 2 3 4 5		Strebt nach Ordnungen und Beherrschung von formalen Mitteln dazu
235	1 2 3 4 5		Orientiert sich am Zukünftigen und an Neuheiten, lebt für das Morgen und für Übermorgen,
236	1 2 3 4 5		Strebt nach Sicherem und Sicherheit, nach Bewährtem
237	1 2 3 4 5		Die Rangabstände im System sind groß
238	1 2 3 4 5		Die Mitglieder des Systems sind sich in allem ziemlich einig
239	1 2 3 4 5		Das System stellt sich stets unmittelbar auf Fremde und Fremdes ein
240	1 2 3 4 5		Entscheidungen nach außen gelten stets für alle Mitglieder
241	1 2 3 4 5		Die Gegensätze von Klassen und Gruppierungen sind beträchtlich
242	1 2 3 4 5		Viele Mitglieder steigen im System oft auf oder ab
243	1 2 3 4 5		Die Sprache des Systems ist kompliziert
244	1 2 3 4 5		Alle Personen des Systems sprechen die gleiche Sprache
245	1 2 3 4 5		Jedes Mitglied übernimmt nur begrenzte Aufgaben und Funktionen
246	1 2 3 4 5		Eingriffe in fremde Aufgaben- u. Kompetenzen werden nicht geduldet
247	1 2 3 4 5		Umgangs- und Handlungsformen sind vielfältig
248	1 2 3 4 5		Alle Mitglieder verwenden gleiche Rituale und Begegnungsformen
249	1 2 3 4 5		Verfügt über tiefreichende, fundierte Lebenserfahrungen
250	1 2 3 4 5		Verfügt über fundierte Begriffe und Begriffssysteme
251	1 2 3 4 5		Verfügt über umfassende Kenntnisse des weltlichen Geschehens
251	1 2 3 4 5		Verfügt über fundierte weltanschauliche Kenntnisse und Erfahrungen
253	1 2 3 4 5		Verfügt über fundiertes sprachlich-literarisches Wissen

254	1 2 3 4 5		Verfügt über fundierte und umfassende Partnerschaftserfahrungen
255	1 2 3 4 5		Verfügt über fundiertes und umfassendes Gestaltungs- und Konstruktionskönnen
256	1 2 3 4 5		Verfügt über fundiertes u. umfassendes Pflege- und/oder Wartungskönnen
257	1 2 3 4 5		Verfügt über fundierte systematische Qualitätskenntnisse
258	1 2 3 4 5		Verfügt über umfassende und fundierte Formalkenntnisse
259	1 2 3 4 5		Verfügt über fundiertes Wissen von Neuheiten und Verfahrensweisen
260	1 2 3 4 5		Verfügt über fundiertes und umfassendes Traditionswissen
261	1 2 3 4 5		Handelt impulsiv aus dem Augenblick heraus, reagiert, ohne lange zu überlegen, oft auch unvernünftig und unbeherrscht wirkend, läßt sich in ihrem Handeln von momentanen Einflüssen leiten
262	1 2 3 4 5		Entwickelt eine steife, strenge und eingeengte Haltung, wirkt unbeweglich und unlebendig, sieht nur die Regeln und Vorschriften, nicht aber das pulsierende Leben
263	1 2 3 4 5		Zeigt ein auffälliges, Aufmerksamkeit erregendes und heischendes Verhalten
264	1 2 3 4 5		Wirkt undurchsichtig und versteckt, es fehlt an Offenheit und Durchschaubarkeit
265	1 2 3 4 5		Entwickelt eine unstete, überstürzte Äußerungsweise, zeigt eine lebhafte, aktive, aber wechselhafte und hastige Äußerungsweise
266	1 2 3 4 5		Entwickelt ein schwülstiges, subjektives Gefühlsleben, äußert übertriebene und übersteigerte Gefühle, vor allem sobald es um sich und ihre Belange geht
267	1 2 3 4 5		Zeigt ein autoritäres, herrisches Verhalten
268	1 2 3 4 5		Läßt sich ständig von anderen beeinflussen und folgt deren Meinungen und Vorstellungen
269	1 2 3 4 5		Zeigt ein hektisches, oberflächliches und überhastetes Verhalten
270	1 2 3 4 5		Entwickelt eine mißmutige und verdrossene Haltung, erscheint vorsichtig, eher schlecht gelaunt und schlecht gestimmt, evtl. auch mürrisch
271	1 2 3 4 5		Zeigt ein ungestümes und cholerisches Verhalten mit Ausbruchscharakter
272	1 2 3 4 5		Wirkt inflexibel, träge und phlegmatisch in Haltung und Reaktionen
273	1 2 3 4 5		Strebt nach sinnlichem Genuß, sinnliche Genüsse werden zum Mittelpunkt des Strebens, wobei der Schwerpunkt auf dem Genießen selbst liegt
274	1 2 3 4 5		Zeigt intellektualistische Neugier, die Neugier, das Suchen nach Informationen wird intellektuell verbrämt und hinter Wissensdurst versteckt
275	1 2 3 4 5		Anerkennung und Auszeichnung sind der Gruppe wichtig, sie legt besonderen Wert auf öffentliche Belobigungen, Urkunden, Orden, Ehrenämter usw.
276	1 2 3 4 5		Die Gruppe ist ideologisch - orthodox festgelegt, erweist sich als strenggläubig, fundamentalistisch, moralinsauer
277	1 2 3 4 5		Weltfremder Idealismus zeichnet die Gruppe aus
278	1 2 3 4 5		Nur ihr eigenes Leben und Erleben ist der Gruppe wichtig
279	1 2 3 4 5		Entwickelt ein ausgesprochenes Machtstreben, will überall zu sagen haben, alle sollen nach ihrer Pfeife tanzen
280	1 2 3 4 5		Das Lebensmotto ist Dienen und Dienstbereitschaft, ihr geht es in erster Linie darum, anderen oder den Dingen zu dienen und dazu ist sie stets bereit
281	1 2 3 4 5		Reklamehafte Effekte sind dieser Gruppe wichtig, sucht nach Möglichkeiten, die eigene Gruppe in den Vordergrund zu rücken und bedient sich dabei übersteigerter Formen und

			Stilelemente
282	1 2 3 4 5		Entwickelt ausgesprochen formalistische und bürokratische Tendenzen, wirkt eher pedantisch und eingeengt auf Schemata, Vorschriften - teils selbstgemachte -, hält sich an Formalismen und solchen Vorschriften fest
283	1 2 3 4 5		Lebt in Utopien und leugnet Gegenwart und Realität, entwickelt Zukunfts- und Fortschrittsgläubigkeit, ohne dabei die gesellschaftlichen und technologischen Möglichkeiten zu bedenken
284	1 2 3 4 5		Geht in Gewohnheiten auf, handelt, denkt und reagiert nur wie sie es gewohnt ist, meidet jede Veränderung und Neuheit
313	1 2 3 4 5		naturfanatische, orgastische Vorstellungen
314	1 2 3 4 5		weltferne, philosophistische Vorstellungen
315	1 2 3 4 5		bizarre weltliche und gesellschaftliche Vorstellungen
316	1 2 3 4 5		verschrobene Wertskalen Vorstellungen
317	1 2 3 4 5		verschrobene kulturelle Vorstellungen
318	1 2 3 4 5		größenwahnartige Sendungsideen Vorstellungen
319	1 2 3 4 5		verschrobene Blut-, Zerstörungs- und Terrorinhalte
320	1 2 3 4 5		Mütterlichkeitsideologische Vorstellungen
321	1 2 3 4 5		künstliche bizarre Gegenständlichkeit der Vorstellungen
322	1 2 3 4 5		kleinlichkeitsbestimmte, pedantische Ordnungsformen
323	1 2 3 4 5		abenteuerliche Fernvorstellungen
324	1 2 3 4 5		bizarre Selbstverständlichkeiten
325	1 2 3 4 5		Entwickelt groteske und bizarr übersteigerte Motorik. Die Bewegungen wirken absurd, irgendwie künstlich und übertrieben, aber auch ungelenk und unbeweglich
326	1 2 3 4 5		Zeigt Zustände der Verwirrtheit, lebt in einer Traumwelt
327	1 2 3 4 5		Entwickelt ein ichzentriertes posierendes Verhalten, erscheint wahnhaft auf sich selbst fixiert und entwickelt ein eitles Gehabe und Getue
328	1 2 3 4 5		Entwickelt Verfolgungs- und Unheimlichkeitsgefühle, fühlt sich von seiner Umwelt verfolgt, erlebt sie als unheimlich und bedrohend
329	1 2 3 4 5		Entwickelt illusionäre und halluzinäre Zustände, rauschhafte und schwärmerische Regungen werden übersteigert und nehmen wirklichkeitsferne Formen an
330	1 2 3 4 5		Entwickelt irreale klebende Bindungen an sich bzw. Phantome, fühlt sich gefühlsmäßig unwiderrufbar und dauerhaft nur an sich oder eingebildete Inhalte gebunden
331	1 2 3 4 5		Zeigt ein selbstzerstörerisches Handeln
332	1 2 3 4 5		Zeigt eine zwanghafte Anpassungsbereitschaft und Beeinflußbarkeit, hat die Fähigkeit eingebüßt, selbständig und eigenständig zu reagieren, fühlt sich gezwungen, das zu tun, was andere wollen und wünschen
333	1 2 3 4 5		Zeigt eine ausgesprochene Ideenflucht
334	1 2 3 4 5		Zeigt völlige Depressivität, die Welt erscheint der Gruppe öd und leer
335	1 2 3 4 5		Entwickelt unruhige, verschrobene Impulse, explosive und hitzige Impulse, die völlig unangemessen und unangebracht sind
336	1 2 3 4 5		Entwickelt eine negativistische Haltung, lehnt alles ab, reagiert trotzig und läßt sich nicht

			anregen, bleibt stur und bewegungslos
337	1 2 3 4 5		Ist süchtig (Alkohol, Drogen usw.)
338	1 2 3 4 5		Fühlt sich von anderen und allem ausgeschlossen, ist der Meinung, daß die anderen Menschen und Gruppen sie nicht beachten, ja sie ausgrenzen und ihr notwendige Informationen fernhalten, so daß ihre Neugierde nicht befriedigt wird
339	1 2 3 4 5		Zeigt ausgesprochene zwanghafte Selbstdarstellungssucht
340	1 2 3 4 5		Entwickelt ideologische Wahnvorstellungen, bringt wahnhafte religiöse oder weltanschaulich orientierte Vorstellungen hervor, von denen sie sich leiten läßt
341	1 2 3 4 5		Gibt sich als Kulturapostel und entwickelt kulturelles Erneuerertum, wirbt für Kultur, für ihre Kultur, entwickelt fixe Ideen hinsichtlich der Schaffung und Gestaltung der Kultur
342	1 2 3 4 5		Zeigt ausgesprochene Selbstverwirklichungssucht
343	1 2 3 4 5		Entwickelt überzogene Herrschbedürfnisse, will unter allen Umständen über die anderen herrschen, ihnen befehlen und sie kommandieren und verliert dabei die realen Verhältnisse aus dem Auge
344	1 2 3 4 5		Entwickelt zwanghaftes soziales Engagement, muß sich überall sozial aktiv beteiligen und mitmachen, auch wenn es eigentlich gar nichts zu tun gibt
345	1 2 3 4 5		Entwickelt Qualitätsfanatismus, Qualität und Güte der Gegenstände reichen ihr nie aus, überall sieht sie Pfusch und Qualitätsmängel
346	1 2 3 4 5		Entwickelt Kontroll- und/oder Regelzwänge, muß alles, was sie tut, immer wieder nachprüfen, Bürokratismus
347	1 2 3 4 5		Zeigt Züge der Nichtseßhaftigkeit, wechselt ständig Lebensort und –kreis
348	1 2 3 4 5		Entwickelt verschrobenes Sicherheitsbedürfnis, sucht Sicherheit auch dort, wo sie – real betrachtet – sicher ist und ihr keine Gefahr droht, fühlt sich dann evtl. sicher, wo wirklich Gefahr droht
349	1 2 3 4 5		Akreatürliche, sinnenfeindliche Vorstellungen
350	1 2 3 4 5		Antiwissenschaftliche Vorstellungen
351	1 2 3 4 5		unwahrnehmbarmachende, versteckende Vorstellungen
351	1 2 3 4 5		neutralistische, wertfreie Vorstellungen
353	1 2 3 4 5		Antisprachliche Vorstellungen, Antiverständigungscodes
354	1 2 3 4 5		Kollektivistische Vorstellungen
355	1 2 3 4 5		Herrschaftsablehnende Vorstellungen
356	1 2 3 4 5		rigide, anpassungsablehnende Vorstellungen
357	1 2 3 4 5		quantitative, masseorientierte Vorstellungen
358	1 2 3 4 5		wirre, systemablehnende und ordnungsfeindliche Vorstellungen
359	1 2 3 4 5		fremdenfeindliche, neuheitenablehnende Vorstellungen
360	1 2 3 4 5		besitz- und wirtschaftsfeindliche Vorstellungen
361	1 2 3 4 5		Reagiert nicht auf Eindrücke und Anregungen, sie sagen ihr nichts, die Welt und das, was um sie herum geschieht, hat für sie keinen Aufforderungscharakter, verleitet sie nicht zur Stellungnahme oder gar zum Handeln
362	1 2 3 4 5		Entwickelt eine unkritische, naive und unvernünftige Haltung, ist ohne Disziplin und läßt sich von momentanen Impulsen bestimmen, setzt sich über Regeln und Ordnungen hinweg,

			neigt zur Verwahrlosung
363	1 2 3 4 5		Zeigt Angst vor der Begegnung mit anderen, zieht sich in ihr Schneckenhaus und völlig ins „Private" und den Gruppenkern zurück
364	1 2 3 4 5		Zeigt ein indiskretes und distanzloses Verhalten, plaudert ziemlich ungehemmt über Dinge, die sie für sich behalten sollte, auch über andere Menschen bzw. Gruppen und deren Intimitäten und findet nicht den nötigen Abstand.
365	1 2 3 4 5		Klebt an anderen, kann bestehende Bindungen nicht lösen, einmal eingegangene Beziehungen und Bindungen an andere Menschen und Gruppen muß sie um jeden Preis erhalten; unverbindliche Beziehungen zu anderen Menschen kann sie nicht herstellen
366	1 2 3 4 5		Läßt bei sich selbst keine Gefühle und keine Bindungen an andere zu, unterdrückt alle Gefühlsregungen, entwickelt Angst vor dem Eingehen von Beziehungen zu anderen Menschen und Gruppen, unfähig zur inneren sozialen Bindung
367	1 2 3 4 5		Verhält sich subaltern und zaghaft, erscheint unterwürfig und ohne jede Selbständigkeit und Eigenaktivität, scheint Angst vor eigenem Tun zu haben
368	1 2 3 4 5		Wirkt spröde, unansprechbar und anpassungsunfähig, hat eine Konsistenz wie eingetrocknete Farbe, als ob ihre Reaktionen bröckelig sind
369	1 2 3 4 5		Fühlt sich anderen stets unterlegen, unsicheres Verhalten, traut sich nichts zu, hält sich für unbegabt, ungeschickt usw.
370	1 2 3 4 5		Handelt leichtfertig und oberflächlich, ja nachlässig, wägt nicht ab, weicht einem Ausloten der Probleme aus, läßt sich hinreißen und mitreißen
371	1 2 3 4 5		Lahmes und adynamisches, schwungloses Verhalten
372	1 2 3 4 5		Läßt sich in seiner Meinung von anderen bestimmen, hat keine eigene Meinung, ihre „Meinung" ist nur ein Nachplappern der Ansichten anderer
373	1 2 3 4 5		Sperrt sich gegen alles Natürliche und Kreatürliche
374	1 2 3 4 5		Entwickelt Ängste und Scheu vor Theorie und geistiger Erkenntnis, weicht jeder theoretischen Betrachtung und Analyse aus, will nur machen, aber nicht einsichtsvoll reagieren
375	1 2 3 4 5		Zeigt Öffentlichkeitsscheu und –ängste
376	1 2 3 4 5		Ist ausgesprochen areligiös und weltanschaulich neutralistisch, hat keine Weltanschauung, hält sich an keine Wertvorstellungen, unterscheidet nicht zwischen Gut und Böse, versucht alles zu verstehen und zu entschuldigen
377	1 2 3 4 5		Entwickelt reinen Zweckfunktionalismus, hat keinen Sinn für Kultur und Ideelles, sieht nur die Funktion und ihre Zweckmäßigkeit
378	1 2 3 4 5		Flieht ins Kollektiv und Kollektive, will sich nicht selbst verwirklichen, trachtet vielmehr danach in der Menge aufzugehen, fürchtet sich vor eigener Unabhängigkeit und Selbständigkeit
379	1 2 3 4 5		Fehlt jeder Ehrgeiz, ist nicht strebsam, will nichts erreichen, weder in der Sache noch für sich selbst
380	1 2 3 4 5		Lehnt Pflegen, Dienstleistung und Instandhalten ab
381	1 2 3 4 5		Ohne Sinn für Geschmack und Qualität
382	1 2 3 4 5		Lehnt Regeln, Ordnungen und Systematik, ja alles Formale ab
383	1 2 3 4 5		Entwickelt Fortschritts- und Zukunftsängste, zeigt Angst und Furcht vor der Zukunft, vor allem auch vor der technologischen Entwicklung

384	1 2 3 4 5		Lehnt alles Bekannte und Gewohnte ab, entwickelt eine Scheu vor dem Gewohnten und Vertrauten

Um dabei zu möglichst objektiven Ergebnissen zu kommen, wird man dort, wo es um die Analyse des Steuerungssystems der Gruppen geht, mehrfache Analysen vornehmen müssen, und das möglichst auch von mehreren Personen. Die Ergebnisse jedes Beurteilers werden in ein solches Beobachtungsprotokoll eingetragen. Das bedeutet, daß eine Gruppen- bzw. Gesellschaftsanalyse ein aufwendiges Unternehmen ist, wenn man wirklich differenzierte und brauchbare Ergebnisse haben will. Sie kann nicht einmal so eben und nebenbei erledigt werden. Leider scheinen das insbesondere viele Politiker zu glauben. Natürlich benötigt man dazu auch ein Auswertungsprogramm, das die verschiedenen Protokolle zusammenfaßt und ein in sich geschlossenes Ergebnis liefert, das sich dann mit entsprechenden Hilfsmitteln in eine sprachliche Beschreibung der jeweiligen Gruppe überführen läßt.[32]

Insbesondere dem Anfänger wird sich der Inhalt dieses Resultats kaum unmittelbar erschließen. Erst zusammen mit dem Textprogramm und den Terminitabellen der Systemtabellen (s.o.) wird es ihm gelingen, im Laufe der Zeit die nötige Routine zu erwerben, um schon dem Ergebnisprotokoll wesentliche Eigenschaften einer Gruppe zu entnehmen.

Ferner gibt es zum Abbau von Spannungen die Möglichkeit, im Rahmen der Erziehung die jungen Menschen – vor allem der Einheimischen - von früher Kindheit an mit den Fremden und dem Fremden vertraut zu machen, sie gewissermaßen daran zu gewöhnen. Allerdings ist auch das eine Möglichkeit, die nur das Individuum erreicht und bei ihm zu einer toleranten Haltung führen kann. Gruppen und ihre Selbstverständlichkeiten wird man damit nicht erreichen, maßgebende Gruppen und Leitfiguren schon gar nicht. Und sobald innerhalb des Sozialkörpers Schwierigkeiten,

[32] die Verfahren und Hilfsmittel dazu findet der Leser in Waszkewitz: Fortschritte und Entwicklungen vor allem in den Dateien 01, 02, 06 und den P-Psychodiagnostik Arbeitsdateien auf der beigefügten CD-ROM, Stuttgart 2002

evtl. gar Notsituationen in Erscheinung treten oder auch nur drohen, werden sich die Einheimischen zusammenrotten und ihren biosozialen Vorstellungen und „Instinkten“ folgen.

Sicher, den pädagogischen Weg zur Ausbildung einer toleranten Haltung darf man nicht aufgeben, aber er alleine wird auf die Dauer kaum erfolgreich sein. Außerdem wirkt er nicht kurzfristig, schon gar nicht, wenn die Konflikte schon vorhanden sind, die Zuwanderer nicht erst erwartet werden, sondern schon im Territorium der Einheimischen leben und ihren Territorialitätsanspruch erheben.

Es muß also nach weiteren Mitteln gesucht werden, die zu einer dauerhaften Akzeptanz auf beiden Seiten führen. Nach allgemeiner Ansicht scheint das Heil in der Integration zu liegen. Was aber heißt eigentlich Integration?

Integration

Integration ist für den Mathematiker ein Verfahren, um zu einer Funktion ihre Stammfunktion zu finden, also jene, aus der die Funktion durch Differenzierung gewonnen wurde. Übertrüge man diesen Gedanken auf unsere Situation, so käme es darauf an, jene Strukturen zu finden, aus denen sich die Strukturen beider Gruppen ableiten ließen. Eine Vorstellung, die bei Zuwanderern aus dem gleichen Kulturkreis der Überlegung wert ist. Sobald aber Zuwanderung aus fremden Kulturkreisen infrage steht, versagen derartige Ansätze, da die sozialpsychologischen Spektren zu verschieden sind.

Betrachtet man den Begriff der Integration unter Berücksichtigung der Auslegung des Duden, so stößt man auf Bedeutungen wie **Vervollständigung, Eingliederung, Vereinigung**. Das sind aber bezogen auf die Sozialkörper und ihre Gesetzmäßigkeiten grundverschiedene Inhalte. Vereinigung würde heißen, daß man Strukturen und Vorstellungen der Beteiligten einfach aneinanderfügt, evtl. auch ihre Sprachen. Das ist faktisch Unfug. Auch Vervollständigung ergibt in diesem Zusammenhang keinen Sinn. Bleibt also nur die Eingliederung. Das aber heißt, daß die Zuwanderer sich in die bestehenden Strukturen eingliedern müßten, daß sie nicht nur die fremde Sprache, sondern auch die Gesetze, Rituale und Gewohnheiten der Einheimischen übernehmen müßten.

Dazu müßten sie u.a. ihr mitgebrachtes sozialpsychologisches Spektrum ablegen und das der Einheimischen übernehmen. Bedenkt man, daß sich die psychische Persönlichkeit Erwachsener, zu der auch die Vorstellungen, Ideale und Wertmaßstäbe gehören, im Laufe der Jahre kaum oder nur wenig verändert, ist ein solcher Wandel vielleicht im Einzelfalle, nicht aber bei einer größeren Zahl von Personen vorstellbar.

Es bleibt ausgehend von den Erkenntnissen der Verhaltenswissenschaften also nur eine Änderung des Verhaltens infolge der veränderten Umweltbedingungen. Das gelingt meistens in größerem Maße einem einzelnen Zuwanderer, der ohne seine Gruppe in einen ihm fremden Sozialkörper übersiedelt, der möglichst auch schon vorher wenigstens grundlegende Kenntnisse und Fertigkeiten der neuen Sprache besitzt. Eine solche Situation ist bei größeren Zuwanderungsgruppen nur schwer herstellbar. Das bedeutet, daß – zumindest für die erste Zuwanderergeneration – eine Integration im erwähnten Sinne von Ausnahmen abgesehen nicht gelingen kann.

Damit bleiben für diese erste Generation nur Integrationsvorbereitungen, etwa Erlernen der Sprache, Sitten und Gebräuche, aber auch Empfindlichkeiten und „Abartigkeiten“ des aufnehmenden Sozialkörpers und entsprechende Verhaltensvariationen. Auch das ist natürlich besonders schwierig, wenn es sich dabei um einen pluralistischen Sozialkörper handelt, bei dem landsmannschaftliche Unterschiede für weitere Vielfalt sorgen, denn das erhöht den Umfang des zu Lernenden. Ob und inwieweit eine solche Integration in der zweiten und dritten Generation der Zuwanderer gelingt, hängt in großem Maße einerseits von der Aufgeschlossenheit der ersten Generation ab. Wird sie ihrem Nachwuchs erlauben, Gewohnheiten, Vorstellungen und Verhaltensweisen der Einheimischen zu übernehmen? Wenn nicht, wird es zu keiner Integration kommen, und wenn man sich noch soviel Mühe gibt. Zum anderen wird es natürlich auch darauf ankommen, ob die Einheimischen den Nachwuchs der Zuwanderer – wenn sie ihn denn erreichen - davon überzeugen können, daß die eigenen Strukturen und Inhalte in diesem Territorium vorteilhafter und zweckmäßiger sind. Das ist dann wieder eine pädagogische, aber auch werbliche Aufgabe.

Bei alledem spielt eine große Rolle, ob die Zuwanderer sich erstens der Probleme überhaupt bewußt sind und zweitens den Willen zur Integration überhaupt mitbringen und nicht nur den Wunsch haben, ihr gewohntes Leben in der Fremde weiterzuführen. Damit sind dann aber die Konflikte mit den Einheimischen vorprogrammiert.

Bleiben wir zunächst bei dem Bemühen, den Zuwanderern zu einem angepaßten Verhalten zu verhelfen.

Multikulturelle Gesellschaft

Immer wieder wird in unserem Lande von der multikulturellen Gesellschaft als Zielvorstellung gesprochen. Es gibt anscheinend eine ganze Reihe von Autoren, die sich davon die Lösung der Probleme versprechen. Allerdings scheint diese Möglichkeit sich auf geringe kulturelle Unterschiede zu beziehen, wenn man die Erkenntnisse der Humanethologie bedenkt. Sicher, zwischen Schleswig- Holsteinern und Niedersachen wird man trotz einiger kultureller und historischer Unterschiede kaum Spannungen beobachten. Da sind die Spannungen und Unterschiede zwischen Bayern und Preußen schon gravierender, wenn sie auch nicht mehr zu Kriegen und selten zu offensichtlichen Feindschaften führen. Ein gewisses Mißtrauen tritt aber zwischen diesen Gruppen immer wieder in Erscheinung und erschwert es, zu einem harmonischen Miteinander zu kommen, wenn man von Einzelfällen absieht.

Mit derartigen Problemen ist auch die Europäische Union konfrontiert, denn die sozialpsychologischen Spektren der Dänen und der Italiener, der Spanier und der Schweden unterscheiden sich doch beträchtlich, ganz abgesehen von den Unterschieden der Sprachen. Noch gravierender werden diese Fragen nach der vorgesehenen Erweiterung der EU werden, vor allem sobald hier tatsächlich die Grenzen fallen und volle Freizügigkeit gewährt wird. Ich bin mir nicht sicher, ob diese Phänomene ohne Verbindlichkeit einer einheitlichen Sprache überhaupt in den Griff zu bekommen sind. Da hier nicht, wie seinerzeit in den USA, nur zwei Sprachen als Alternative in Frage kommen, besteht auch wenig Aussicht, daß man sich auf eine der EU-Sprachen einigt. Wahrscheinlich wird man im Endeffekt zu einer Kunstsprache, wie Esperanto usw. greifen müssen, aber man sollte diese Frage schnellstens lösen, ehe die in Aussicht stehenden Spannungen ausbrechen.

Schlimm genug ist schon, daß in diesem Rahmen mindestens drei recht verschiedene christliche Religionen vertreten sind, wodurch sich in Kernpunkten unterscheidende sozialpsychologische Spektren ergeben. Hinzu kommen sehr unterschiedliche Lebensstandards. Das alles mag noch friedlich verlaufen, solange die Grenzen bestehen bleiben und die Freizügigkeit individuell und nicht in größeren Gruppen genutzt wird.

Sobald noch größere kulturelle und auch historische Unterschiede zwischen aufnehmenden und zuwandernden Gruppen entstehen, wie etwa zwischen islamitischen und christlichen Kulturen, hört nicht nur die biosoziale, sondern auch die soziokulturelle Akzeptanz auf. Hier läßt sich dann zwar manche Spannung durch individuelle Toleranz vermeiden, solange nicht der physische Organismus allergisch reagiert, etwa gegenüber Gerüchen, Speisen und Lauten der jeweils anderen Kultur. Dagegen helfen dann auch keine pädagogischen Maßnahmen mehr. Mit Recht, Gesetz und Polizei kann man dann hier und dort derartige Phänomene unterdrücken, nicht aber die entstehenden Spannungen und Feindschaften. Solche Probleme wurden etwa anläßlich der höchstrichterlichen Erlaubnis des Schächtens bei den Tierschützern deutlich. Gelingt es letzteren demnächst, diese Erlaubnismöglichkeit zu kippen, wird das den Fundamentalisten der Zuwanderer neue Nahrung liefern.

Im Zusammenhang mit diesen Hindernissen für eine multikulturelle Gesellschaft muß man eine andere Tatsache bedenken, die in jeder Gesellschaft an und für sich schon für beträchtliche Spannungen sorgt, der Extremismus wie auch der Fundamentalismus. Unabhängig vom Verhalten seiner Vertreter und seiner Richtung stellt er stets eine Gefahr dar, und zwar besonders in pluralistischen Gesellschaften, weil die Nichtextremisten unterschiedliche Reaktionen zeigen, also keine geschlossene Front gegen die Extremisten bilden. Da man in jeder Gesellschaft mit etwa 10% Extremisten rechnen muß, gleichgültig ob aktiv oder passiv, kommen etwa je 5% auf „linke“ und 5% auf „rechte“ Extremisten. Dabei kann man davon ausgehen, daß die rechten Extremisten fundamentalistische Einheimische mit religiösen, nationalistischen, gruppenegoistischen, isolationistischen Grundsätzen sind, während die linken Fundamentalisten sozialistische, kollektivistische, nivellierende und gleichmachende Grundsätze verfolgen.

Und ein Teil dieser Extremisten ist zudem extrem gewaltbereit. Beide gibt es sowohl bei den Einheimischen als auch bei den Zuwanderern. Und sie heizen durch ihr Verhalten die Spannungen zwischen Einheimischen und Zuwanderern immer wieder an. Das heißt, daß es in einer multikulturellen Gesellschaft keinen Frieden geben kann, solange nicht durch eine einheitliche Sprache und einheitliche Grundregeln bei absoluter Glaubens- und Vorstellungsneutralität der Gesellschaft wesentliche Voraussetzungen dafür geschaffen sind. Und das nützt auch erst nach längeren Phasen des Zusammenwachsens, wie etwa in den USA, wenn auch nicht immer und überall. Das gelingt zudem auch nur dann, wenn es gelingt, das Gewaltpotential und die Neigung zur Gewaltanwendung abzubauen.

Das wiederum verlangt eine Umgestaltung im sozialen und persönlichen Spektrum der Gruppenmitglieder, ausgehend von dem Grundsatz: **physische, aber auch psychische Gewaltanwen-**

dung ist tabu, oder wenigstens den Umbau der Selbstverständlichkeiten in Richtung **Konflikte werden nie durch Gewaltanwendung gelöst.** Damit dieses geschehen kann, muß zunächst Erziehung in den Familien ohne Gewaltanwendung stattfinden, müssen innerfamiliäre Streitigkeiten und Meinungsverschiedenheiten ohne Gewaltanwendung gelöst und geschlichtet werden. Und dieser Gesichtspunkt muß dann auch auf die pädagogischen Institutionen, etwa Schule und Kindergarten übertragen werden, wobei insbesondere anderen Meinungen, anderen Vorstellungen und Ansichten nur mit Argumenten, aber nicht mit Zwang und Drohgebärden zu begegnen ist. Kommt es dennoch zu Gewaltreaktionen müssen die Pädagogen dieselben sofort und unmittelbar unterbrechen und dafür Sorge tragen, daß die Argumente wieder die Herrschaft übernehmen. Ebenso sind Eltern wie Pädagogen aufgerufen, etwaige physische Rangkämpfe der Kinder und Jugendlichen untereinander zu unterbinden und wie sonstige kriminelle Handlungen zu ächten. Die Streithähne müssen in Techniken der geistigen Auseinandersetzung geschult und geübt werden. Auch Ehrverletzungen vertragen keine Waffen und keine Gewalt.

An diesen wenigen Hinweisen erkennt man, daß es ein langer Weg ist, bis es gelingen kann, eine weitgehend gewaltfreie Gesellschaft zu entwickeln, bei der das alleinige Gewaltmonopol bei den Verstöße, Vergehen und Verbrechen ahndenden Institutionen des Staates liegt. Auch dieses ist also Voraussetzung zum friedlichen Nebeneinander verschiedener Kulturen.

Ausblick

Ich habe vorstehend versucht, auf der Basis der psychologischen, sozialpsychologischen und humanethologischen Grundlagen das Problem des Zusammenlebens unterschiedlicher Gruppen und Gruppierungen in Sozialkörpern darzulegen. Insbesondere wurden die dabei auf beiden Seiten auftauchenden Probleme herausgearbeitet, die sich als grundlegend und in vielerlei Hinsicht biologisch bedingt erweisen. Aber auch aus der Kultur der jeweiligen Gruppen stammen erhebliche Hemmnisse für ein friedliches Miteinander und gegenseitige Akzeptanz. Geschürt werden die bestehenden Spannungen zusätzlich von den fundamentalistischen Extremisten, die in jeder Gruppierung zu finden sind.

Mit pädagogischen Mitteln und solchen der Aufklärung lassen sich individuell hier und dort Toleranzen schaffen, aber kaum dauerhafte Erfolge erreichen, solange Menschen im Umgang mehr emotional als rational reagieren und immer wieder zu psychischer wie körperlicher Gewaltanwendung bereit sind. Auch geschickte Werbemaßnahmen können zu mehr Toleranz beitragen, im wesentlichen liegt aber die Integration als Einfügung in den bestehenden Sozialkörper weitgehend bei den Zuwanderern und ihren eigenen Zielsetzungen sowie Bemühungen um eine solche innere Eingliederung. Entwickeln sie diese nicht, beharren sie auch für die folgenden Generationen auf der eigenen Gruppenstruktur und ihren Vorstellungen und Verhaltensweisen, werden sie stets ein Fremdkörper bleiben, so daß Gewalthandlungen von seiten der Einheimischen eines Tages wahrscheinlich sind. Das den Zuwanderern klar zu machen, ihre Zielvorstellungen zu korrigieren und ihnen zu helfen, sich zu integrieren, sollten die Politiker der Gesellschaft sich bemühen. Das erreicht man weniger durch Zuteilung von Rechten, eher durch Auferlegung von Pflichten.

Literaturverzeichnis

Adler,A.	Menschenkenntnis, Zürich 1947
Aiken, L.R.	Assessment of Intellectual Functioning, Newton, Massechusetts, 1987
Allport:,G.W.	Persönlichkeit, Stuttgart 1949
Amthauer, R.	I.-S.-T., Intelligenz-Struktur-Test, 2. Aufl. Göttingen
Anschütz, H.	Kybernetik, 4. Aufl. Würzburg 1979
Apel, M.	Philosophisches Wörterbuch
Arnold,W.	Person, Charakter, Persönlichkeit, Göttingen 1957
Arnold/ Eysenck/ Meili	Lexikon der Psychologie, Freiburg 1987
Ashby, W.R.	Einführung in die Kybernetik, 2. Aufl. Frankfurt 1985
Aster E.v.	Die Psychoanalyse, Bern 1949
BDW	Kopf als Oszillator; Bild der Wissenschaft, (Heft 12/80 S. 131)
Benesch, H. (Her.)	dtv-Atlas zur Psychologie, München 1987
Berelsen/ Steiner	Menschliches Verhalten, 2 Bde., 1969ff
Berg,J. van den	Grundriß der Psychiatrie, 3. Aufl. Stuttgart
Bertelsmann	Lexikothek
Bettelheim, B.	Liebe allein genügt nicht, 5. Aufl. Stuttgart 1985
Bettelheim, B.	Ein Leben für Kinder, 3. Aufl. Stuttgart 1987
Bettelheim, B.	So können sie nicht leben, Stuttgart 1973
Bettelheim, B.	Die Geburt des Selbst, Frankfurt 1984
Blumenberg/Kury (Her.)	Psychologie (Herder Lexikon), ohne Jahresangabe
Busemann, A.	Stil und Charakter, Meisenheim a. Glan 1948
Buser, R.	Ausdruckspsychologie, München 1973
Calvin, W.H.	Die Symphonie des Denkens, München 1995
Cattell, R.B.	Personality, 1950
Cattell, R.B.	Die empirische Erforschung der Persönlichkeit, 2. Aufl. Weinheim
Chomsky, N.	Sprache und Geist, Frankfurt 1970
Correl, W.	Lernpsychologie, Donauwörth 1970
Correl, W.	Lernen und Verhalten, Ausgabe Dez. 1972; Fischer Verlag Frankfurt
Dann, H. D.	Aggression und Leistung, Stuttgart 1972
Delay/ Pichot	Medizinische Psychologie, 2. Aufl. München 1970

Delhees,K.H.	Motivation und Verhalten, München 1975
Diemer/Frenzel (Her.)	Philosophie (Fischer Lexikon) Frankfurt 1958
Dirks, H.	Psychologische Faktoren der Berufsarbeit, Göttingen 1957
Dirks, H.	Der Mensch im Licht der Psychologie, Goldmann Nr. 2625; (ca. 1970)
Dirks, H.	Mensch und Mitmensch im Licht der Psychologie, Goldmann Nr. 2626
Dirks, H.	Mensch und Umwelt im Licht der Psychologie, Goldmann Nr. 2627
Doucet, F.	Geschichte der Psychologie,, München 1971
Dührssen, A.	Psychogene Erkrankungen bei Kindern und Jugendlichen, 2. Aufl. Göttingen
Eibl-Eibesfeld, I.	Krieg und Frieden aus der Sicht der Verhaltensforschung, München 1975
Eibl-Eibesfeld, I.	Der vorprogrammierte Mensch, 4. Aufl. München 1982
Eibl-Eibesfeld, I.	Grundriß der vergleichenden Verhaltensforschung, 7. Aufl. München 1987
Eibl-Eibesfeld, I.	Der Mensch, das riskierte Wesen, 5. Aufl. München 1993
Eibl-Eibesfeld, I.	Die Biologie des menschlichen Verhaltens (Sonderausgabe der 3. Aufl. Weyarn 1997)
Eysenck:, H.J.	The structure of human personality, 1953
Flechtner, H.J.	Grundbegriffe der Kybernetik, dtv, München 1984
Freud, S.	Über Psychoanalyse, Wien 1949
Gehlen,A.	Die Seele im technischen Zeitalter, rde Bd. 53
Gerster, G.	eine Stunde mit ...., Frankfurt 1956
Graumann, C.F.	Einführung in die Psychologie 7 Bände, 1969ff
Guilford	Persönlichkeit, 2./3. Aufl. Weinheim 1965
Haken/Haken-Krell	Entstehung von biologischer Information und Ordnung, Darmstadt 1989
Hassenbstein, B.	Verhaltensbiologie des Kindes, München 1973
Hebb, D.-O.	Einführung in die moderne Psychologie, Weinheim 1973
Hemling, H.	Taschenbuch der Psychologie, München 1974
Hofstätter, P.R.	Gruppendynamik, Hamburg 1971
Hofstätter, P.R.	Psychologie (Fischer-Lexikon) Ausgabe Frankfurt 1975
Hofstätter, P.R.	Einführung in die Sozialpsychologie, 2. Aufl. Stuttgart 1979
Hofstätter, P.R.	Sozialpsychologie, 4. Aufl. Berlin 1970
Jaspers, K.	Allgemeine Psychopathologie, 5. Aufl.
Klaus, G.	Kybernetik in philosophischer Sicht, Berlin 1961
Klaus, G. (Hrsg.)	Wörterbuch der Kybernetik, 2 Bände, Frankfurt 1969
Kloos	Grundriß der Psychiatrie und Neurologie, München 1951
Koenig, O.	Kulktur und Verhaltensforschung, München 1970

König, R.	Soziologie (Fischer Lexikon), Frankfurt 1958
Köster, P.H.	Deutschland Deine Denker, 2. Aufl. Hamburg 1980
Krech/Crutschfield	Grundlagen der Psychologie, 2 Bände 1970
Lange- Eichbaum/Kurth	Genie, Irrsinn und Ruhm, 6. Aufl., München 1967
Le Bon, G.	Psychologie der Massen, Stuttgart 1981
Lorenz:, K.	Psychologie der Stammesgeschichte
Mead, M.	Mann und Weib, Hamburg 1958
Miller, A.	Das Drama des begabten Kindes, Frankfurt 1982
Miller, A.	Am Anfang war Erziehung, Frankfurt 1980
Miller, A.	Das verbannte Wissen, Frankfurt 1988
Miller, A.	Du sollst nicht merken, Frankfurt 1981
Miller, A.	Der gemiedene Schlüssel, Frankfurt 1988
Mitscherlich, A.	Auf dem Wege zur vaterlosen Gesellschaft, Serie Piper 45
Mitscherlich, A. u.M.	Die Unfähigkeit zu trauern, Serie Piper 168
Morschitzky, H	Angststörungen, Springer 2002
Moscoviici, S.	Das Zeitalter der Massen, Frankfurt 1986
Opp, K.-D.	Methodologie der Sozialwissenschaften, rde 1970
Opp, K.-D.	Verhaltenstheoretische Soziologie, Hamburg 1972
Penrose, R.	Computerdenken, Spektrum-Heidelberg, ohne Jahreszahl
Pervin L.A.	Persönlichkeitstheorien, München-Basel 1993
Peter&Hull	Das Peter Prinzip
Portmann, A.	Zoologie und das neue Bild vom Menschen, rde 20; 1956
Prigogine u. Stengers	Dialog mit der Natur, München 1980
Rattner, J.	Aggression und menschliche Natur, Olten 1970
Ravn, I.	Chaos, Quarks und schwarze Löcher, München 1995
Rehmke/Schneider	Geschichte der Philosophie, Wiesbaden 1983
Reiwald, P.	Vom Geiste der Massen, Zürich 1948
Riesmann, D.	Die einsame Masse, rde 72/73
Rohracher, H.	Die Arbeitsweise des Gehirns und die psychischen Vorgänge, 1967
Rohracher, H.	Einführung in die Psychologie, 5. Aufl.
Roth, E.	Persönlichkeitspsychologie, 6. Aufl., Stuttgart 1981
Rothacker, E.	Die Schichten der Persönlichkeit 1966
Ruch/Zimbardo	Lehrbuch der Psychologie, 2. Aufl. 1975

Rüegg, W.	Soziologie (Funk-Kolleg), Frankfurt 1975
Schneider, W.	Wörter machen Leute, München 1976
Seger, I.	Knaurs Buch der modernen Soziologie, München 1974
Sternberg, R.J.	"Erfolgsintelligenz" in Psychologie heute, März 1998 S.21ff als Buch bei Droemer, Kindler
Strehle, H.	Mienen, Gesten und Gebärden, München-Basel 1954
Tinbergen, J (Hrsg.)	Wir haben nur eine Zukunft, Opladen 1977
v. Cube, F	Fordern statt verwöhnen, 10. Aufl. 1997, München
v. Uexküll:, J.	Streifzüge durch die Umwelten von Tieren und Menschen, Hamburg 1956
v.Holzschuher, L.	Praktische Psychologie, Seebruck 1949
Vester, F.	Neuland des Denkens, München 1984
Vester, F.	Denken, Lernen, Vergessen, 10. Aufl. München 1983
Waszkewitz, B:	Krankheit und Normalität, Stuttgart 2000
Waszkewitz, B:	Gruppen, Cliquen und Vereine, Stuttgart 2000
Waszkewitz, B:	Mensch und Gesellschaft, Stuttgart 2000
Waszkewitz, B:	Pädagogischer Wegweiser, Stuttgart 2001
Waszkewitz, B:	Fortschritte und Novitäten, Stuttgart 2002
Zimbardo, Ph.G.	Psychologie, 6 Aufl. Berlin... 1995